Fritz Fenzl

Wunder in Bayern

Die Deutsche Bibliothek – CIP-Einheitsaufnahme

Fenzl, Fritz
Wunder in Bayern : Orte der Kraft und Quellen der Heilung /
Fritz Fenzl. – 2. Aufl. – München : Ehrenwirt, 1998
ISBN 3-431-03488-8

Bildquellennachweis:
Anton J. Brandl (27), Kurverwaltung Bad Birnbach (67), Charlotte Eberl (92), Viktoria Fenzl (83), Franziskusverlag (85), Kurt Gramer/Schnell & Steiner (185), Verkehrsämter Lamer Winkel (110), Irène Lejeune (105), Sekretariat R. Meyer SJ (23), Wolf-Christian von der Mülbe (153), Foto Nieslony (181), Hannes Oefele Verlag (127), Verlag Schnell & Steiner (33, 34, 64, 123, 124, 141), Janos Stekovics (73), Südeutscher Verlag (57, 61, 62, 93, 147)

ISBN 3-431-03488-8
Umschlag: Atelier Kontraste, München
Umschlagfoto: Jürgen Arnold, München
Satz: ew print & medien service, Würzburg
Druck: Wiener Verlag, Himberg
Printed in Austria

Fritz Fenzl

Wunder in Bayern

Orte der Kraft und Quellen der Heilung

Ehrenwirth

Wunder stehen nicht
im Widerspruch zur Natur,
sondern im Widerspruch
zu unserem Wissen von der Natur.

Augustinus

Inhalt

Schutzengel wirken Wunder

Das Juwel positiven Denkens – Glaube an die Gottesmutter und Marienverehrung in Bayern

Einleitung

Dieses Buch will anhand vieler ausgewählter Geschichten, in denen alles passiert, was eigentlich »nicht möglich« ist, den Leser in die spirituelle Welt des »Wunderbaren« entführen: Bei der Lektüre wird mehr und mehr deutlich, daß es das »Wunder« tatsächlich gibt, daß es lebt und all-gegenwärtig ist. Denn das Wunder beinhaltet die Kraft des Alls, des Kosmos, und Dinge, die in diesem All geschehen, sind all-gegenwärtig und ebenso all-mächtig.

Das Wunder verbindet das, was von Gott getrennt war, getrennt durch Sünde, Hochmut, vielleicht auch Krankheit und Leid. Das Leid kann auch eine Prüfung sein, diese ist jedoch im Augenblick des Wunders gottgewollt beendet. Das Wunder lebt vom Augenblick, es geschieht »augenblicklich«, es passiert im Jetzt. Dieses Jetzt ist der »Moment Gottes«, auf den der Mensch wartet und hofft.

»Wie können wir Gott und unser Leben, Glaube und Welt zusammenbringen?« fragt eine Schrift des Erzbischöflichen Ordinariats mit dem Titel »Exerzitien im Alltag«.[1]

Und weiter stellt sich die Frage: Brauchen wir zur Spiritualität, zur Verinnerlichung, zu Vertiefung der Welt- und der Weltensicht – brauchen wir dafür »heilige Orte«, »heiliges Tun«, »feurige Andacht«?

Eben nicht.

Glaube, »Gottes-Sicht« und Verinnerlichung vollziehen sich ebenso – wenn nicht zum größten Teil – im Alltag. Überall ist er, der »Raum des Geistes Gottes«; Gott läßt sich suchen und finden in allen Dingen.

Das allein ist schon wunder-bar. Zum Wunder ist es also gar nicht weit, auch vom Alltag aus gesehen.

Eben das Nicht-Alltägliche bricht urplötzlich in die Alltagswelt hinein, der Alltag aber bedeutet, wort-wörtlich genommen, einen »Tag im All«.

Und ein Teil dieses Alls, sozusagen als Mikrokosmos im Makro-

[1] hrsg. v. Erzb. Ordinariat, Seelsorgereferat, 80333 München, S. 3 (Die Schrift widmet sich der Fastenzeit 1996)

kosmos, ein Teil dieses Weltgeschehens begegnet uns in Bayern. Vielleicht begünstigt das aufputschende Föhnlicht, jenes wundersam vergeistigende, berauschende »Brausen von oben her«, die Begegnung mit Wundern hierorts besonders.
Immerhin sind die Bayern dem Himmel so nahe, daß der Benediktinerabt Odilo Lechner in einem Werk über den Himmel die Trennung, die in der englischen Sprache zwischen »sky« und »heaven« besteht, aufzuheben vermag:

> »Das Englische unterscheidet zwischen sky und heaven, zwischen dem sichtbaren Firmament und dem unsichtbaren ewigen Gottesreich. Die deutsche Sprache verfügt über diesen Unterschied nicht und die bayerische schon gar nicht. Denn in ihr und in der bayerischen Seele, die sich in ihr ausdrückt, sind Himmel und Erde, Diesseitiges und Jenseitiges fast untrennbar miteinander verbunden.«[1]

Dies bringt uns der Begegnung mit Wundern schon etwas näher. Der Bayer kennt keinen nur metereologischen oder nur spirituellen Himmel, keinen »sky« und keinen »heaven«: Er kennt nur seinen »Himmi«, und der ist »All«-umfassend im besten Sinne. Himmelsbilder in bayerischen Kirchen zeigen Engel, Heilige, Götter; Theologie und Mythologie dominieren, und das Land hat, weitgehend der Reformation trotzend, den Glauben bewahrt.
Das vorliegende Buch möge den Leser zu einem geistigen, wunderbaren Bayern-Erleben hinführen und ihn dafür bereit machen:
Lesend, erkennend, ergehend. Denn man kann an all die genannten Orte wirklich *hingehen*.
Und dann das jeweilige Wunder in seiner Ganzheit erleben! Nur dann ist die Kraft des Wunders mit Händen greifbar. Denn ein Wunder kann man nicht wissen, vielleicht auch nicht immer gleich glauben: Man begreift es oder begreift es nicht.
Wie schnell geschieht das Wunder und wie schnell ist die Gelegenheit vertan! Der Begnadete, dem das Wunder geschieht, packt zu – oder aber »es« ergreift ihn. Er »läßt los« von seinem bisherigen Leben, von seinen Anhaftungen, Vorurteilen, Sehnsüchten, Süchten. So geht ein Wunder fast immer mit einer radikalen Kehrtwendung des Lebens und der individuellen Lebensauffassung einher.
Letztlich ist das Wunder die Allmacht Gottes:

1 Odilo Lechner OSB: »Der Himmel über Bayern,« Freising 1992, S. 13

Eines gütigen und liebenden Gottes, der nur »all«-zugerne eingreift, wenn der Mensch seinen Hochmut aufgibt und ihm ein Stück auf dem Weg entgegengeht.
Alles, was mit Gott oder der Höheren Macht zu tun hat, das strahlt. Warum sind Heilige oder Engel stets von einem Strahlenkranz umgeben? Weil »Die Kraft« in ihnen ist und durch sie wirkt; Kraft im religiösen und geistigen Sinn ist aber immer mit Licht-Entwicklung verbunden.
Und Licht strahlt. »Es werde Licht«, sagte Gott, und das Strahlen der Schöpfung nahm seinen Anfang. Ein erster Tag, ein erstes Wunder.
Letztlich ist jedes Wunder schöpferisch, es wiederholt den Vorgang der Schöpfung, indem es den »Gott-gewollten« Zustand wiederherstellt.
Das Wunder verträgt keinen Zweifel, vielmehr fordert es Dankbarkeit. Wunder machen tolerant.
Das Buch möge hineinführen in die schillernde, bunte, licht- und farbentrunkene Welt des »Es-werde!« oder des »Es-wird-wieder!«, denn letztlich wird alles, was im All wird, am Ende immer wieder gut.
Der Glaube (die »geist-reichste« Art zu denken) öffnet den Weg!

Wunder der Heilung

Vorüberlegung zum Begriff des Wunders

Wunder sind so alt wie die Menschheit und sicher noch viel älter. Sie erweitern die Wirklichkeit, indem sie vom Erklärbaren auf ein tieferes Geheimnis der Schöpfung verweisen. Für den, der »sehen« kann, ist das Leben selber schon Wunder genug. Auch Jesus hat Wunder gewirkt und dabei betont, daß erst der Glaube das Wunder möglich machen kann, dann aber wahrhaftig Berge versetzt.
Ganz anders dagegen der falsche Wunderbegriff, wie er in der Versuchung Christi durch den Teufel zum Ausdruck kommt: Da sollen Steine zu Brot werden, das Schauwunder eines heilen Sturzes von der Zinne wird erwogen, und alle Reichtümer der Welt werden dazu angeboten. Heute könnte man das vielleicht mit einem Lottogewinn und dem dazugehörigen »Glücks«-Begriff vergleichen. Das wirkliche »Wunder« aber ist still und verlangt eher Schweigen und Diskretion. Der Lebenskünstler, der täglich auf das Wunder des Lebens an sich vertraut, wird selten enttäuscht werden.
Wunder dürfen niemals erzwungen, ertrotzt oder erwartet und schon gar nicht im kaufmännischen Sinne als Gegenleistung Gottes oder der höheren Macht verlangt werden; auch nicht für gute Werke oder vermeintliche ethische »Vorausleistungen«.
Wer verwegenerweise von Gott ein Wunder einfordert (statt dieses als Gnade, als Geschenk anzunehmen, falls es erfolgt), der »versucht« Gott, das heißt, er fordert ihn heraus.
Das Erzwingen, Dienstbarmachen, »Anrufen«, Anlocken, vor allem das Nutzbarmachen von Naturkräften, -geistern oder -mächten gehören ins okkulte Reich der Magie.
In diesem Buch geht es aber um »gottgewollte« Wunder. Und damit natürlich um die Hingabe des Beschenkten an einen liebenden Gott, an Christus, Maria, den »Geist« und alle in Frage kommenden Heiligen und Nothelfer.
Wunder sind Wirklichkeit, aber sie sind Gnadengeschenke. Sie unterliegen ausschließlich dem Willen des Schöpfers.

Hingebungsvolle Jesus-Darstellungen, die uns ein wenig »naiv« vorkommen mögen, zeigen mit besonderer Intensität die überirdische »Aus-Strahlung« von Jesus Christus – und damit dessen heilende Kraft. Jesus, der Wunder wirkte, ist selbst die Verkörperung gottgegebener Wunderkraft.

Der größte Heiler war Jesus
Im »Heil-Werden« zeigt sich bereits das Gottesreich

Das »Wunder der Heilung« existiert, es ist so allgegenwärtig, wie die Phänomene von Krankheit und Gesundheit es sind.
Wenn ein Mensch auf unerklärliche Weise Heilung findet, dann geschieht im Grunde nur etwas sehr Natürliches: das Individuum kehrt zur Ganzheit zurück; es wird wieder »ganz« – es wird heil.
»Mach wieder heil«, sagt das Kind instinktiv und meint damit, der Vater möge ein Spielzeug richten oder die Mutter solle auf eine Wunde blasen. In dem Kinderreim »Heile, heile Segen« ist das Zusammenwirken von Heil und Segen, von Ganzheit, Spiritualität und erfülltem Gottvertrauen in herrlicher Weise angesprochen.

Die großen Heiler der Menschheitsgeschichte waren sich dieser Tatsache sehr wohl bewußt. Sie wußten um die Kunst des Ganzmachens dessen, was ehedem getrennt war. Denn der körperlichen Trennung geht zumeist eine seelische Trennung voraus.
Dies eben ist »Sünde«, im weiteren Sinne verstanden, der »Abfall von Gott«, die Trennung von der kosmischen Ganz-Heit. Gesundheit ist aber immer nur im Zusammenwirken aller Kräfte möglich. Daher existiert nicht nur das Wunder der Heilung; es gibt auch Wunder-Heiler, was hier ganz im positiven Sinne gemeint ist und auch so verstanden werden soll.
Der wohl größte Heiler aller Zeiten, ein vollkommen Eingeweihter, war **Jesus Christus.** Er konnte auch den Dämonen der Krankheit gebieten – und damit seinen Nächsten, den Mit-Menschen helfen.
Georg Schwaiger weist in seinem Buch »Teufelsglaube und Hexenprozesse[1] auf den engen Zusammenhang zwischen Krankenheilung und Exorzismen im Leben und Wirken von Jesus (»... wandernder Arzt ...«) hin:

> »Im öffentlichen Leben spielen Krankenheilungen und Exorzismen eine bedeutende Rolle. Bei beiden geht es um die Wiederherstellung eines wie auch immer in seiner Selbstentfaltung beeinträchtigten Menschen; beide berühren sich zudem insofern, als Krankheit und Besessenheit zur Zeit Jesu auf das Wirken dämonischer Mächte zurückgeführt wurden. So können die therapeutischen Formen bei Krankenheilungen (z.B. der des Aussätzigen Mk 1,40–45) an Exorzismen erinnern, während umgekehrt die Austreibung von Dämonen den Charakter einer Heilung trägt ...«[1]

Schwaiger weist darauf hin, in welch großem Maße die »Besessenheit durch die Krankheit« der »Besessenheit durch einen Dämon« entspricht und wie sehr auch die »Heilung« im erweiterten Sinne der Botschaft Jesu vom Reiche Gottes nahekommt:

> »Die Exorzismen Jesu sind mehr als nur ein Kurieren an den Symptomen, ... sie erhalten ihre eigentliche Bedeutung erst im Gesamtkontext der Botschaft Jesu vom Reiche Gottes.«[2]

[1] Georg Schwaiger, a.a.O., S. 31
[2] ebenda, S. 32

Dann bringt Schwaiger den entscheidenden Gedanken für die Beschaffenheit des »Wunders« der Heilung, nämlich die **Gnade**, die Nicht-Vergeltung, das Nicht-Fragen nach Ursache, Schuld oder gar Sühne:

> »... Daß er (Jesus) die Not der Menschen sieht und Hilfe bringt, ohne nach Schuld oder Ursache zu fragen, ist ein Protest gegen eine hypertrophierte Vergeltungslehre, nach der die leidenden und gequälten Menschen als von Gott gestrafte angesehen werden.«[1]

Alle »Wunder der Heilung«, die uns bekannt wurden, egal, ob sie in Bayern oder an anderen Orten stattgefunden haben, sind vor diesem Hintergrund zu sehen. Es geht um Gnade und nicht um das Aufrechnen einer eventuellen früheren Schuld. Das Wunder stellt die Ganzheit wieder her, jede Trennung (Sünde) ist aufgehoben. Auch die »Dämonenlehre der Mönche« redet in diesem Sinne:
»Der Kampf mit den Dämonen vollzieht sich hauptsächlich als Kampf mit den eigenen Gedanken«, schreibt Anselm Grün in »Der Umgang mit dem Bösen«.[2]
Wer sich grundlegend mit der »Gedankendisziplin« befassen will, der kommt allerdings an den »Spirituellen Exerzitien« des Ignatius von Loyola (1491–1556) nicht vorbei.[3] Auch die »Unterscheidung der Geister« des Johannes B. Scaramelli SJ (1687–1752) ist für den Suchenden, der die List und Tücke des »Widersachers« ergründen will, unumgänglich.[4] Der aber »die Geister unterscheidet«, der meidet falsche »Einflüsterungen« und ist schneller gesund, als er das »Wunder« erwarten mag.

1 Georg Schwaiger, a.a.O., S. 31
2 ebenda, S. 32
2 Anselm Grün OSB: »Die Natur der Dämonen«; in: Der Umgang mit dem Bösen, Münsterschwarzach 1979, S. 11
3 Ignatius von Loyola: »Geistliche Übungen (Spirituelle Exerzitien)«; übertragen u. erklärt v. Adolf Haas, Freiburg i. Br. 1967
4 Johannes B. Scaramelli: »Regeln zur Unterscheidung der Geister«; hrsg. v. Wilhelm Schamoni, Abensberg o.J.; s.a.: Guido Kreppold OFMCap: »Die Bibel als Heilungsbuch«, Münsterschwarzach 1985 und Masaharu Taniguchi: »Die geistige Heilkraft in uns«, Freiburg i. Br. 1990

Mangfallgebirge, Rotwand, Wendelstein. Wer von München her kommend dorthin will, der muß immer erst einmal nach Fischbachau. Drinnen im Ortskern geht's an der Hauptkreuzung links hoch, und die Beschilderung weist den Suchenden darauf hin: Dieser Weg führt nach »Birkenstein«. Will der Wundersucher den Leidensweg Christi gedanklich nachempfinden, führt von der anderen Seite her ein naturherrlicher Kreuzweg, der einen eindrucksvollen Kalvarienberg mit einschließt, hierher.
Angekommen an dem Wunderort, den ständig das Rauschen eines kühlen und quellfrischen Gebirgsbaches akustisch passend »rahmt«, kann der Pilger gar nicht anders, als zu staunen: über soviel Schönheit und Erhabenheit von Natur, Kunst, Fügung – und Glauben!

»Die drei ›Wunder‹ von Birkenstein haben bis heute nichts von ihrer Kraft verloren ...«, so erzählt es uns Sixtus Lampl im dort erhältlichen Führer »Birkenstein«. Und er fährt fort:
»Das erste Wunder, die Kunstherrlichkeit des Rokoko-Kabinetts U.L. Frau ... Das zweite Wunder schenkt die Natur, die hier reinstes Wasser aus dem Felsen entspringen läßt. Schon zur Erbauungszeit haben das die Menschen bemerkt und die Heilkraft dieser Schöpfungsgabe geschätzt und gelobt. – Das dritte Wunder ist die Einsicht in das Welt- und Gottesbild ...«[1]
Wasser und immerfließende Heilkraft des Wassers!
Der Ortsname »Birkenstein« birgt bereits das Naturwunder und Paradox in sich: Wachsen Birken doch bekanntlich auf Feuchtwiesen und Mooren oder in Auenlandschaften, also immer gerne da, wo genügend Wasser für ihre Wurzeln vorhanden ist. Gedeihen die weißen Bäume aber auf einem »Stein«, dann muß es damit schon etwas Besonderes auf sich haben: Denn die Elemente Wasser und Fels (Erde!) bilden hier eine Einheit!
Wer diese »spürbare« und allgegenwärtige Einheit von Fels, Erde, Licht, Luft und Wasser tatsächlich am eigenen Leib erspüren will, dem sei eine Gebirgswanderung hinauf auf den Breitenstein angera-

[1] Sixtus Lampl: »Birkenstein«, Miesbach 1994, S. 2

ten. Selten wird ein Ausflug – für den allerdings feste Bergschuhe vonnöten sind! – so sehr zu einem spirituellen Erlebnis, zum Erleben der heilenden Kraft und Schwingung des Wassers, des gesundheitsbringenden, klaren Quell- und Gebirgswassers.
Da begleitet den aufmerksamen Naturfreund ein gutes Stück des Weges der kristallklare, über Fels und Wurzelwerk sich talwärts ergießende Gebirgsbach, der unten, »beim Heiligtum«, wohl auch das Brünnlein speist. Kein »Wunder«, daß der Quellfluß Augenleiden heilt, wird doch der Betrachter schon beim bloßen Anblick »sehend« – für die so ganz andere Wirklichkeit nämlich, die wir Kopfmenschen allzu gerne nicht wahrhaben wollen.
Und dieses Wasser hat das Entstehen der Wallfahrtsstätte »Birkenstein« entscheidend mit geprägt. Bis zum Jahre 1936 lief eine der Quellen durch die Seitenwunde der Christusfigur in der ersten Grabkammer. Diese Symbolik spricht für sich. Erst nach Schäden an der Holzfigur wurde im Jahre 1942 der heute noch Wasser spendende Rotmarmorbrunnen am rechten äußeren Eingang zur Kapelle angebracht.
Und *Wunder* sind geschehen: So ist zum Beispiel 1946 ein blindes Kind hier sehend geworden. Seine Mutter hat ihm die Augen mit dem Wasser aus »Birkenstein« gewaschen. Eine Votivtafel zeugt davon.
All das sollte der Wanderer auf dem Breitenstein wissen, der an allen Ecken und Enden das frische Wasser aus dem Boden sprudeln sieht oder moderne Hangquellfassungen entdeckt. Auf einer der Hütten, der »Kessel-Alm«, wird erzählt: Bei einer Bohrung, 60 Meter in die Tiefe des Felsens hinein (die Stelle ist bei einem Brückerl über den Gebirgsbach zu sehen), hat man die alte Wunder-Überlieferung bestätigt gefunden. Mehr noch: Es »wird gesagt«, daß ganz tief unten im Breitenstein ein »unterirdischer See« sei. Moderne geologische Arbeiten haben solch alte und sagenumwobene Vermutungen mehrfach bestätigt.
Als dann vor wenigen Jahren neue Trinkwasserreserven für Fischbachau gesucht wurden, hat sich die alte Wunder-Überlieferung bewahrheitet. In der Süddeutschen Zeitung vom 30.12.1994 ist zu lesen, es gebe einen unterirdischen See im Gebirgsstock des Breitensteins, der vom Bucherberg bis zum Wendelsteingebiet reiche.«

Und genau diese geographische Tatsache – von der vor 200 Jahren kein Mensch etwas hat wissen können! – findet nun in einer der herrlichen Votivtafeln, die die Kapelle außen umrahmen, ihre späte Bestätigung.
Denn die alte Votivtafel links neben dem Eingang zur Kapelle, auf die sich lange Jahre niemand einen Reim machen konnte, zeigt ebendiesen See! Und der Dorflehrer Brunnhuber, der Anfang dieses Jahrhunderts heimatliche Sagen gesammelt hat, ging sogar von folgender These aus:
Um das Jahr 1760 seien die Wassermassen des Sees flutartig ausgelaufen und hätten die gesamte Gegend überschwemmt.
Sehen, sehend werden und hinschauen! Neueste Keimprüfungen haben ergeben: Das Wasser von Birkenstein und aus dem Breitenstein ist von einmaliger Qualität. Und das, was sauber ist, heilt immer schon. So, wie auch eine saubere Seele eine »reine« Seele ist. Die spirituelle Kraft des Wassers findet ihren großartigen Niederschlag im Taufritus. »Da ›Wasser aus trockenem Felsen‹ allemal etwas Besonderes, Wunderbares ist, haben unsere Vorfahren solche Orte als begnadet, als heilige Orte, betrachtet...«, schreibt Sixtus Lampl.[1]
Und so ist es denn kein »Wunder«, daß in den Malereien des Kapellen-Umlaufes das Moses-Motiv, nämlich das alttestamentliche Wunder, bei dem »Wasser aus dem Felsen geschlagen« wird, eine besondere Rolle spielt.

Pater Rupert Mayer – Ein Wunder der Menschlichkeit

In der Münchner Fußgängerzone befindet sich der kunstgeschichtlich bedeutende »Bürgersaal«, eine Kirche aus dem 18. Jahrhundert. Direkt hinter dem Eingang geht es in einen tiefer liegenden Raum. An diesem vor sakraler Spannung knisternden Ort unter der eigentlichen Kirche, da liegt Pater Rupert Mayer

[1] Sixtus Lampl, a.a.O., S. 4; vgl. auch Gisela Schinzel-Penth: »Sagen und Legenden um Miesbach und Holzkirchen«, Frieding 1995, S. 300

begraben. Der Menschenstrom hierher nimmt niemals ein Ende, wissen die Suchenden doch: Hier finden sie es, das Wunder, – mitten in Münchens Innenstadt!

Um die Gestalt des »menschlichen Wunders« Pater Rupert Mayer zu verstehen und um ihm näherzukommen, ist es nötig, sich mit dem »marianischen Element« ebenso intensiv auseinanderzusetzen wie mit dem Orden der Jesuiten, den Ignatius von Loyola (1491–1556) gegründet hat.
Die »Kirche« in ihrem Selbstverständnis während der Zeit des Dritten Reichs, soziale Ideen der Epoche, aber auch die okkulten Wurzeln des Nationalsozialismus müssen ebenfalls genauer verstanden sein, um das »geistige Kraftpotential« zu erkennen, das der so überaus mutige Prediger Rupert Mayer einer schwarzmagischen Macht brauner Weltenzerstörer entgegengesetzt hat.
Allein die Tatsache, daß er bei seinem uneingeschränkten »Trotz-dem-Reden« in der damaligen Zeit am Leben blieb, zeugt von einer Höheren Macht, die ihn beschützte. Man darf hier ruhig von einem Wunder sprechen.
Sehr treffend empfiehlt die Schrift »Pater Rupert Mayer. Ein Erinnerungsbuch zur Seligsprechung« das Erkennen von vier Grundelementen, die für sein Leben und Umfeld Bedeutung hatten:
1) Das marianische Element
2) Das kirchliche Element
3) Das soziale Element
4) Das patriotische Element.[1]
Im Umkreis von Wundern ist das marianische Element ganz besonders hervorzuheben.

»In die Jahrzehnte unmittelbar vor der Geburt von Rupert-Emil Mayer in Stuttgart am 23. Januar 1876 sind für den Glauben und für die Frömmigkeit vieler katholischer Christen wichtige Ereignisse gefallen: die Verkündigung des Glaubenssatzes von der Unbefleckten Empfängnis Marias (Maria Immaculata – ohne Erbsünde empfangen) am 8. Dezember 1854 durch Papst Pius IX. (1846–1878) und die achtzehn Mariener-

[1] Alfred Läpple (Hrsg.): »P. Rupert Mayer. Ein Erinnerungsbuch zur Seligsprechung«, München 1987, S. 7–16

scheinungen in der Grotte von Massabielle in Lourdes, die Bernadette Soubirous in der Zeit vom 11. Februar bis zum 16. Juli 1858 erlebte.«[1]

Doch für Rupert Mayer ist der wichtigere Aspekt das soziale Denken; er ist zeitlebens ein Mann der Tat, weniger des Wunderglaubens. Aber nach seinem Tod hat sich über der Person des Paters und über seinem Lebenswerk eine charismatische Sehnsucht der Menschen zusammengebraut, wie sie für die Geschichte der Stadt München wohl einmalig ist.

»Die erste Hälfte des Lebens von Pater Rupert Mayer war auf wirtschaftlichem Gebiet geprägt durch die sogenannte erste industrielle Revolution. Als erste Phase zeichnete sich ab – Menschen werden durch Maschinen ersetzt ... Entlarvend drückt die deutsche Sprache diese fundamentale Umstellung im Arbeitsprozeß aus, wenn sie sagt, der Mensch ›bedient‹ die Maschine ...«[2]

Pater Rupert Mayer ist am 23. Januar 1876 in Stuttgart auf die Welt gekommen. 1899 wurde er zum Priester geweiht, ein Jahr später trat er in den Jesuitenorden ein.
Im Ersten Weltkrieg, in dessen Verlauf er sein linkes Bein verlor, war er Soldatenseelsorger. Wer einen Blick für das Umfeld des »Wunders« entwickelt, für den gibt es keine Zufälle mehr. Ist es also ein »Zufall«, daß Rupert Mayer dasselbe Schicksal ereilte wie seinen Ordensgründer? Die Festschrift berichtet:

»Pater Rupert Mayer hat in seiner Einsatzbereitschaft die beschützende Vorsehung Gottes geradezu herausgefordert. Er wurde von bitteren Kreuzwegstationen auf seinem Lebensweg nicht verschont. Als Jesuit hat er ein ähnliches Schicksal erfahren wie der Gründer seiner Ordensgemeinschaft, Ignatius von Loyola (1491–1556), dem am 20. Mai 1521 vor der nordspanischen Festung Pamplona das rechte Bein durch eine Kanonenkugel zerschmettert wurde.«

Rupert Mayer war, ob damals im Ersten Weltkrieg oder in dem München der unruhigen Jahre zwischen den Weltkriegen, stets ein

[1] Alfred Läpple (Hrsg.): »P. Rupert Mayer. Ein Erinnerungsbuch zur Seligsprechung«, München 1987, S. 7
[2] ebenda, S. 10

Kohlezeichnung von Käthe Schuh-Krähmer

Berater in der Not, mehr noch: er war ein Mann, der handelte. Er wandte sich an Kranke, Ausgestoßene, Orientierungslose und blieb dabei vorbildlich in der Nachfolge Jesu.
Er predigte, ganz der großen Tradition seines Ordens folgend, und er redete auch dann, wenn dies den Machthabern des Dritten Reiches nicht gefallen konnte. 1939 wurde er verhaftet, bis er endlich nach Gefangenschaft und vielfachen Verfolgungen wegen seiner allzeit freimütigen Reden im Jahre 1940 zur Internierung in die Benediktinerabtei Ettal kam. Dem war ein Aufenthalt im Konzentrationslager Sachsenhausen vorausgegangen.
Erst nach dem Ende des Zweiten Weltkrieges konnte er zurückkehren in das nunmehr vollkommen zerstörte München.
Er blieb der Verkündigung der Frohen Botschaft treu, bis er am Allerheiligentag 1945, am Altar stehend, starb.

Seit 1948 liegen seine Gebeine in der Bürgersaalkirche, und die Herzseite der Bronzebüste neben seiner Grabplatte ist durch die Berührung von Zigtausenden von Gläubigen bereits blankgerieben.

Er selber war ein Wunder an Hingabe, und die Gebetserhörungsbriefe, von unzähligen Gläubigen gesandt, füllen ein langes Archiv. Manche behaupten gar, »... der Rupert Mayer hilft immer!«
Kennzeichnend für seine innere Haltung war sein Verlangen, Gottes Willen ganz und ungeteilt zu erfüllen. Davon zeugt vor allem sein Lieblingsgebet:

Herr, wie Du willst, soll es geschehn,
und wie Du willst, so will ich gehn;
hilf Deinen Willen recht verstehn!

Herr, was Du willst, das nehm' ich hin,
und was Du willst, ist mir Gewinn;
genug, daß ich Dein eigen bin.

Herr, weil Du's willst, drum ist es gut;
und weil Du's willst, drum hab' ich Mut.
Mein Herz in Deinen Händen ruht!

Herr, wann Du willst, dann ist es Zeit;
und wann Du willst, bin ich bereit,
heut und in alle Ewigkeit.

Die Seligsprechung Pater Rupert Mayers erfolgte am 3. Mai 1987 durch Papst Johannes Paul II.

Wunder der Heilung in Aufkirchen am Starnberger See

Von Berg aus, dem geheimnisumwitterten Ort am Starnberger See, an dessen Ufer König Ludwig II. den Tod fand, noch ein kleines Stück südlich in Richtung Münsing und Wolfratshausen, da liegt Aufkirchen.

Weil die Kirche auf eine weithin sichtbare Anhöhe gesetzt ist, prangt sie als oberbayerisches Bilderbuch-Ensemble mit dreigeschossigem Turm, sehr eigenwilligem Spitzdach und lichter Farbgebung gleich neben der Kloster- und Friedhofsmauer und dem Kreuzweg stolz hinein in die sanft moränig geschwungene Hügellandschaft »über dem See«.

Nicht umsonst spricht das »Starnberger SeeBuch« von einem »Ort der Miracel«.[1]

Und eine Wanderung nach Aufkirchen lohnt allemal, denn es gibt Wunder der Heilung zu entdecken; Wunder, die, wiewohl längst vergangen, immer noch oder heute besonders die Handschrift Gottes verraten, eines liebenden Schöpfers, der sein Zeichen gesetzt hat im Hier und Jetzt.

So erwanderte der Autor den höchsten Punkt der Gemeinde Berg, eben den Kirchplatz mit dem benachbarten Friedhof und dem Kloster. Zum Kauf des Kirchenführers findet sich ein Text: »Bitte an der Klosterpforte läuten.« Dort fällt auf, daß die verkaufende Schwester hinter einer Sichtblende verborgen bleibt.

»Sehen Sie niemals einen Menschen?«

»Nein«, lautet die Antwort, »... nur den Arzt.«

»Was ist das für ein Orden?«

»Der Orden der Karmelitinnen.«

Und dann die Frage an die Ordensschwester im Unsichtbaren:

»Glauben Sie an Wunder?«

»Und ob! Wir erleben täglich welche. Und ist nicht unser Leben, die Tatsache, daß wir da sind und miteinander sprechen, selbst ein Wunder?«

»Geschehen hier Heilungswunder?«

»Sicherlich. Wunder gibt es immer. Selbst schwer Krebskranke können gesund werden, wir haben alles schon erlebt.«

[1] Susanne Westerndorf: »Das Starnberger SeeBuch«, München 1995, S. 166ff.

Nach solch einem Gespräch ist die enorme Kraft des Ortes um so intensiver spürbar.
»Im Frühjahr 1499 wurde ein Neubau begonnen (Anm.: Wegen der vielen Wallfahrer). Den Bauplatz hatten der Gründungslegende nach zwei Ochsen gewiesen, die – von Aufhausen her, ohne angetrieben zu werden, einen Wagen mit einem schweren Tuffstein ziehend – bei der alten Kirche stehengeblieben waren. Für die Pfarrgemeinde war dies ein Zeichen göttlichen Willens, daß die Kirche an dieser Stelle errichtet werden sollte. Schon während des Baus ereigneten sich viele *Wunderzeichen,* die zu Beginn des 17. Jahrhunderts der damalige Pfarrer Georg Colonus – wohl nach alten Überlieferungen – aufschrieb.«[1]
Ein Mirakel des Jahres 1588 findet sich in der Chronik des Grafen Rambaldis von 1900:

> »Georg Graff von Wahlstatt ist über ein Stainfelsen
> neun und zwantzig Schuch hoch abgeritten /
> und im fallen ein Fuß abgebrochen / und also in
> solchem Schmertzen ein Tag und Nacht gelegen /
> (...) als er müß allda verderben und sterben.
> In solchem ist ihme unser liebe Fraw zu Auffkirchen
> fürkommen / und sich allhero verlobt
> (...) / und darauff durch Fürbitt Mariae gnädiglich
> widerumb gehailt worden.«[2]

Fürbitte, Gnade, Schmerz: drei unerläßliche »Zutaten« zum Wunder, wie sie uns immer wieder begegnen werden. Denn zuerst muß der Mensch seinen »Tiefpunkt« erleben (demütig werden); dann erst kann er sich ganz der Gnade öffnen. Und Fürbitte leisten, das ist stets eine angemessene Haltung der Demut (nicht der sklavischen Unterwerfung!) gegenüber einer höheren Macht. Denn mit dem »Wunder« verhält es sich wie mit den Gleichnissen von Jesus: Wer »Ohren hat zu hören«, der hört die verborgene Sprache des Wunderbaren; und der, der »Augen hat zu sehen«, der sieht. Andere aber sehen auch, ohne zu »sehen«, nämlich die göttliche Wirk-

[1] »Aufkirchen« (Schnell-Kunstführer Nr. 1711) , München 1988, S. 3
[2] Susanne Westerndorf, a.a.O., S. 166

Aufkirchener Gnadenbild der thronenden Muttergottes mit dem Jesuskind

lichkeit. Wer ohne zu »sehen« sieht, für den ist das »Sichtbare« eben nur Zufall.

Aber den *Zufall* gibt es nicht. Denn alles hat eine Ursache, alles hat eine Wirkung.

Aufkirchen als ein »Ort der Kraft« ist schon recht alt und als ein solcher immer schon bekannt:

»... Aufkirchen ist als ›Ufkiricha‹ urkundlich erstmals gegen Ende des 10. Jahrhunderts nachweisbar. Zu jener Zeit schenkte unter Bischof Gottschalk (994–1005) ein Graf Otto den Ort dem Freisinger Domstift. Der Name ›Aufkirchen‹, das heißt die Kirche auf einer Anhöhe, zeigt, daß sich hier schon damals ein Gotteshaus befunden hat.«[1]

[1] »Aufkirchen«, a.a.O., S. 2

Aber erst im 15. Jahrhundert blühte die Wallfahrt richtig auf. Auch ein Hospiz wurde errichtet. Der Hofmarksherr Kurfürst Max Emanuel hat Aufkirchen dann den Augustiner-Eremiten übergeben. In diese Zeit fällt das Wunder mit den Ochsen, die man den Wunderplatz finden ließ.

Ein »Ort der Wunder« lenkt die Gedanken weg vom Ego, vom übersteigerten Ich, hin zu einer höheren Macht. Anselm Grün OSB schreibt in seinem Büchlein »Die Kunst des gesunden Lebens«:

»Gedanken und Gefühle können uns krank oder gesund machen. Daher bezieht sich eine gesunde Lebensweise auch auf den rechten Umgang mit unseren Gedanken und Gefühlen. Dabei ist wichtig, daß wir unsere Gefühle und Leidenschaften nicht bewerten, sondern anschauen und befragen, was sie uns sagen möchten.«[1]

Nicht umsonst spielt die Kontrolle der eigenen Gedanken im Regelwerk vieler Orden, etwa bei den Benediktinern und auf andere Weise bei den Jesuiten, eine so entscheidende Rolle. Die Richtung, die der Mensch seinen Gedanken und Gefühlen zu geben vermag, ist oft genug Vorbereitung und Wegbereitung zu dem, was dann als Wunder »augen-scheinlich« wird. Und wer hätte schlechte Gedanken beim Anblick einer Madonna!

So ist es kein Wunder, daß ausgerechnet in Aufkirchen an der südlichen Seitenwand des Kirchenschiffes ein wirkungsvolles und berühmtes Gnadenbild der Muttergottes steht, eine »thronende Madonna mit Kind«. Beim Brand von 1625 blieb dieses Bild unversehrt – ein Phänomen, das uns in diesem Exkurs über Wunder stets von neuem begegnen wird: das miraculum contra naturam, das »Wunder gegen die Gesetze der Natur«. Fast täglich gehen beim Aufkirchener Pfarramt Briefe mit dokumentierten Gebetserhörungen ein. Über 20 000 sind es bislang an der Zahl.

Aufkirchen ist ein Ort der Mirakel. Bis zum Jahre 1900 lief am Sockelgeschoß der Kirche ein Zyklus von Mirakelbildern um, der 1643 renoviert und erweitert worden war.

Man muß hingehen, den Ort spüren und glauben. Karmelitinnen wachen über Wundersames und über ihre eigene Seele:

[1] Anselm Grün: »Die Kunst des gesunden Lebens«, Freiburg 1995, S. 26

Ansicht von Kirche und Augustiner-Eremiten-Kloster Aufkirchen, Stich von Michael Wening, 1701

»Seit 1893 leben im alten Pfarrhof die ehrwürdigen Schwestern aus dem Orden der Unbeschuhten Karmelitinnen in strenger Klausur. Gemäß den Konstitutionen der hl. Theresa von Avila versammeln sie sich viele Stunden am Tag zu Meditation und Gebet.«[1]

[1] »Aufkirchen«, a.a.O., S. 3f.

Das Mirakelkreuz von Forstenried

In München-Forstenried, nahe der altbekannten Gaststätte »Alter Wirt« und unweit des Verkehrskreisels, der den Anschluß an die Autobahn nach Starnberg beziehungsweise nach Garmisch herstellt, findet sich die beliebte Wallfahrts- und Hochzeitskirche »Heilig Kreuz«. Deren gekreuzigter Christus schaut dem Betrachter nicht nur besonders hypnotisierend direkt in die Augen, er strahlt tatsächlich auch Kraft aus.

»Und doch besitzt unser heiliges Kreuz nicht nur einen außerordentlichen Kunstwert, sondern birgt auch eine geheimnisvolle Kraft in sich, der man sich bei aufmerksamer, ernster Betrachtung nicht so leicht zu entziehen vermag«, so schreibt Hugo Eichhof in der Schrift »Der König am Kreuze«.[1]

Schließlich stellt derselbe Autor fest, die großen, weit geöffneten Augen Christi hätten zwar »etwas Unheimliches« und »Durchdringendes«, zugleich aber auch etwas »Hoheitsvolles« und »Grundgütiges«.[2]

Zwischen 1170 und 1180 (es ist die Zeit der Gralsmythen, der Orden der Tempelritter steht in Blüte), der Zeitspanne, in der sich wohl die stärkste spirituelle Kraft unseres nun bald zu Ende gehenden Jahrtausends entfaltet hat, soll der begabte Benediktinerpater Alban das Wunderkreuz im Kloster Seeon geschaffen haben.

Das Kunstwerk trägt romanische Züge und zeigt byzantinischen Einfluß.

Graf Berthold, der mit der Stiftung einer Burgkapelle in Andechs den ersten Anstoß zu einem Klosterbau gegeben haben dürfte, bestimmte, daß das Christusbildnis, von zwei bewaffneten Reitern begleitet, nach Andechs zu bringen sei. Von diesem Zeitpunkt an weiß die Literatur um eine lange Reihe von Wundern, die alle das Kreuz bewirkt hat. Das mystisch-magische und oft gar nicht nur »christlich« wirkende Jesusbild aus Holz hat geredet, es sprach Menschen an, griff mit Ratschlägen in die Politik des Mittelalters ein, es hat sogar am Karfreitag echte Blutstropfen hervorgebracht.

1 Hugo Eichhof: »Der König am Kreuze«, Gröbenzell 1965
2 ebenda

Nach den oftmals recht grausamen Wirren um Andechs mit Mord, Verrat, Totschlag und Frevel gelangte das Kreuz 1229 nach Forstenried, ein Jahr nach dem Tod Walthers von der Vogelweide.
Auch hier, an neuer Stelle zog es sofort Scharen von Wallfahrern an und wirkte Wunder um Wunder.
Um das Kreuz entstand die »Gut-Tod-Bruderschaft Heilig-Kreuz-Forstenried« (ab 1618), eine Gebetsgemeinschaft um die Gnade eines guten Todes.
800 Jahre Wallfahrt und eine innige Verehrung haben um das geheimnisvolle Kunstwerk ein »Kraftfeld« entstehen lassen, dem keiner sich entziehen kann, der einmal davorsteht.
Bei den Recherchen zu diesem Buch wurde der Autor durch einen Mönch darauf hingewiesen, daß dieses Kreuz wohl das erste der Welt mit »drei Nägeln« sei:
Das heißt, daß die Füße Christi, übereinandergelegt, mit nur einem einzigen Nagel durchbohrt sind.
Was mag es mit der so entstehenden geometrischen Figur, dem nach unten zeigenden spitzwinkeligen Dreieck, auf sich haben, das sich zwischen den ausgestreckten Händen und dem einzigen Nagel an den Füßen zeichnen läßt? – Eine Kraft.
Diese Kraft ist nicht nur spürbar vor dem Kreuz, sie zieht die Menschen »an«, läßt den Betrachter wiederkommen, wirkt Gutes.
Das Kreuz fordert jedoch auch Hingabe. Und ohne Hingabe und Glauben kann kein Wunder entstehen.

Der Christuskörper hat einen Hohlraum. Hier verbarg sich lange Zeit das allerheiligste Kleinod des Klosterschatzes von Andechs: ein Stück der Dornenkrone.
Das Kostbarste war dort versteckt und damit den Blicken verborgen, wo ein jeder hinschaute, wo es jedoch niemand sehen konnte.
Seit den ersten Tagen seines Aufenthaltes in Andechs wirkt das Kreuz Wunder:
1194 sprach der Christus vom Kreuz aus die Gräfin Agnes an und sagte ihr die Königskrone von Frankreich voraus; hören wir die Chronik:

> »Als sie aber eines Tages in der Kapelle andächtig oblag der Betrachtung des Leidens unseres Herrn ... hörte sie das Bildnis zu ihr sprechen ...«

(Zwar berichten die Quellen über ihr Gelübde, die Dornenkrone aus Frankreich nach Andechs zu schicken. Nirgends steht aber, daß die Dornenkrone im Inneren des Gekreuzigten versteckt war.)
1204 erlangte die Gräfin Mechtild von Görz vor diesem Kreuz wunderbare Heilung.
In den Tagen Friedrichs I. kündigte der Christus, der damals acht Tage mit echtem Blutschweiß übergossen war, dem Grafen von Andechs das kommende grausige Unheil des Schlosses an.
Noch heute steht in Andechs unter einem Bild, rechts vorn neben dem Altar:

»Dieß nämlich Kreuz so Blut geschwitzet hat
In Forstenried wirkt Wunderthat.«

Übrigens, auf dieses Ereignis hin hat Graf Heinrich den Schatz vergraben lassen. Erst 1388 wurde er wiedergefunden: durch das Wunder der Entdeckung durch die Kirchenmaus!
1725 brannte der Ort Forstenried lichterloh. Als denn gar nichts mehr half, hat der Pfarrer das Kreuz heraustragen lassen. Sofort fiel Regen. Und das »Gute« kam tatsächlich von »oben«.
Heilige Gegenstände helfen nicht nur gegen Feuer, sie sind (wie heilige Personen auch!) oftmals feuerresistent:

»Das Kloster das wild Feuer verzehrt,
Doch bleibt das Heiligtum unversehrt.«

(Inschrift in der Klosterkirche von Andechs über einem Bild, das einen Klosterbrand zeigt.)
Die Wunder nehmen bis heute kein Ende. In dicken Büchern aus dem Pfarrarchiv, schweinsledergebunden, sind die Wunder (über 2000 an der Zahl) in der Sprache ihrer Zeit beschrieben:[1]

1609

Hat Hanß Schmorz zu Puelach ein Kindl gehabt, wellihes 3 tag So schwörlich Krank gelegen, daß man nit gewußt hatt, wann Sich Seel und leib von ander scheiden würden und Ihme das Licht geprent worden, allß man aber Gott inniglich hatte angeruffen umb abwendung Seines leidenß auf wellhen Weg es währe zum Leben oder zu dem Todt und dasselbig zu dem H: Creuz mit einer H: Mößund 1 kr in stock, hat es sich gleich allßbald verkehrt und ist Seinen leydenß abkummen.

[1] »Liber miraculum Forstenriedt«

Andechs – Südseite der Wallfahrtskirche

1610: Eine Frau aus Solln bekommt keine Kinder und wenn, dann werden sie nicht lebend geboren. Das Kreuz hat geholfen:

> Zaiget ahn Hanß Steinbrecher von Solln Und Sein Hausfrau: wie das Sie 3 Kind nach einander und Kainß mit leben, bekummen, auch daryber gross schmerzen und Herzeleydt gehabt, allß Sie aber zum 4 mahl schwanger, hatt Sie sich allhier Zu dem H: Creuz Kirchfarth auch mit ainer H: Möß und geld in stock verlobt, daß doch Gott der Allmechtig ain geniegen haben wölle, ob Sollicher Mißgeburt, und ihr durch die Krafft Und thugent des H. Creuzes ain lebendige frucht welle geben Und zuschiken. Und vor Sollichem Herze laydt behietten. Nach sollicher

Das fest verschlossene Tor der Heiligen Kapelle

Kirchfarth und gelyb hatt ihr Gott ain lebendige frucht und frelichen abplick (Anblick) Ihrer geburt verlihen.

Die Wunderkraft des Gekreuzigten »mit den drei Nägeln« läßt auch einen »abgehauenen« Finger bald wieder anwachsen:

1617

Sagt auß der Edl und Hochgelehret Herr D. Johann Walthofer Sambt Seiner frauen, daß Sich ihr Sohn Melchior bey 14 Jaren, mit ainem fleisch Peyll (Beil) an der linken handt in den federen (vorderen) finger gehaut, also daß das feder glydt (Glied) nur ein wenig an der hautt gehangen, in disem laidt hatt ihn sein frau Muetter Zu dem H: Creuz mit ainer H: Möß, wäxin handt Und geld in Stock verhaissen, und den andern tag gleich gelesen worden, das gelydt hatt der Balbierer wollen herab schneiden, der Vatter aber nit Zugelassen, Sonder noch dem H: Creuz Zu lob und eher (Ehre) ain lob ampt (Amt) darum versprochen, die Orgl Soll geschlagen werden, wann das gelybt Soll stehen und widerhayllen, welliches geschah, Und der finger ganz schön und Sauber gehailt. Und das lobampt Sampt der Kirchfarth mit freyden verricht worden.

Schließlich 1775: Das Kreuz hilft einen Großbrand löschen! Das Pfarrarchiv berichtet:

»Ein heftiger Sturm jagte Funken und Flammenfetzen über das ganze Dorf ...
... da holte der alte Pfarrer Bauweber selbst das über ein Zentner schwere hl. Kreuz vom Hochaltare und eilte mit ihm zur Brandstätte ...«

Der Brand erlosch.

Von Widdersberg ein Weib stockblind ...
Eine Wunderheilung in den frühesten Tagen von Andechs

Wie uns die Geschichte vom »Mirakelkreuz« erzählt, ist Andechs im 13. Jahrhundert völlig zerstört worden. Wir dürfen uns das aber nicht so vorstellen, daß kein Stein mehr auf dem anderen geblieben wäre, wie kläglich der Zustand vielleicht auch gewesen sein mag: die Kapelle blieb bestehen.
Wir wissen davon, weil die Wundersage von der Heilung eines blinden Weibes von Widdersberg aus dieser Zeit überliefert ist.
So sagt die Quelle:

Es erging einmal zur Nachtszeit die Mahnung an ein blindes Weib zu Widdersberg:
»Wenn du dein Gesicht (Augenlicht) wieder erlangen willst, so gehe auf den Berg Andechs! Zur linken Seite des Altares der seligsten Jungfrau wirst du einen Wacholderstrauch finden; ziehe denselben heraus, nimm die Erde an den Wurzeln des Strauches, berühre damit deine Augen, und du wirst das Gesicht wieder erlangen!«

Fast unnötig zu berichten, daß die Frau wieder sehend wurde. Wissen befaßt sich mit Tatsachen, Glaube aber schafft Tatsachen. So kann der Glaube zum Wissen werden. Aber erst muß man glauben. Denn oft sind auch die, die sehen können, »blind«.
Und das Wundermotiv von der »Wurzel«, nämlich ein körperliches Leiden »von der Wurzel her« anzupacken, auszugraben und dann »die Augen geöffnet« zu bekommen, das nimmt die spätere Tiefenpsychologie glatt vorweg!
Der Glaube macht sehend, mach ein-»sichtig«.
Deshalb findet sich unter den Wandgemälden (Galeriebildern) der Empore im Inneren der Andechser Kirche auch eine Darstellung dieses Heilungswunders.
Darunter steht:
»Von Widdersberg ein Weib stockblind
Das Augenlicht zu Andechs find't.«

Tiere spüren mehr

Die Geschichte vom Urkloster und vom verlorenen Paradiesgärtlein

Vor langer, langer Zeit stand ein Kloster genau da, wo Himmel und Erde sich berühren.

Den Ort kennt heute keiner mehr, auch die Mönche von damals schlafen lange schon den tiefen Schlaf der Jahrhunderte, das Kloster ist versunken und mit ihm unendliches Wissen der Eingeweihten; nur im geheimnisvollen Dunkel so mancher Sage leuchtet ein matter Widerschein der damaligen Mauern und des Wissens jener Zeit. Man sagt, daß in jenem Ur-Kloster der Erkenntnis ein Schatz lag; versunken sind jetzt Schatz und Steine, der Schatz aber ist immer noch auffindbar für den, der sucht: er ist im eigenen Geist; der Schatz, das sind die Gedanken.

Da, wo Himmel und Erde, vielleicht auch, Himmel, Erde und Hölle aneinanderstoßen, da liegt das verborgene Wissen, das gar kein Wissen ist, und das Geheimnis strahlt im Lichte der Schöpfung. Man sieht mit geschlossenen Augen.

An einem besonderen Ort des versunkenen Klosters ließ Gott einen Garten wachsen und gedeihen, einen Heilgarten Eden, einen Kräutergarten.

Wer diesen Garten gesucht hat, der hat ihn noch immer gefunden. Eines hilft nicht bei der Suche: der Verstand und die Intelligenz. Nur die Intuition zählt, der »Instinkt«!

Deshalb sind es so oft Tiere, die genau dort innehalten, wo der Ort ist.

Das ist nämlich der »Ort der Kraft«, der Naturtempel, der Ort, wie geschaffen für den Bau einer Kirche, die Gründung eines Klosters, das Zustandekommen eines Wunders!

So ist es kein Wunder, daß an solcher Stelle, die heute von Pilgerströmen besucht wird, zuerst ein Tier »Zeichen setzte«. Zahllose Wunderbilder und Votivtafeln künden davon:

Tiere spüren mehr.

»Dies nämlich Kreuz, so Blut g'schwitzt hat, zu Forstenried wirkt Wundertat.«

Zugtiere weisen den Weg für das Mirakelkreuz von Forstenried

Zum Mirakelkreuz von Forstenried gibt es noch eine weitere verbürgte Wundererzählung. Darin erfahren wir, warum das »Andechser« Kreuz ausgerechnet bei Forstenried »stehenblieb«. Hören wir also den Bericht aus einem sehr alten Buch:
»Als sie nach Forstenried kamen, versagten die Zugtiere den Dienst, und keine menschliche Anstrengung vermochte sie weiterzubringen.
Hieraus glaubten sie schließen zu müssen, an *diesem Orte* sei die bleibende Stelle für das Bild des gekreuzigten Heilandes. Alte Bilder in der Pfarrkirche zu Forstenried bezeichnen das Jahr 1229 als Zeit der Ankunft des Kruzifixes, welches bis auf den heutigen Tag der Gegenstand allgemeiner Verehrung ist.«[1]
Eines der Bilder in der Andechser Kirche zeigt uns diese »wundersame« Szene:
Um die Kraft des Wunders zu spüren und um den Willen Gottes zu erkennen, ist der Verstand oft sehr hinderlich. Sag da einer noch, Tiere seien dumm!

Vögel lassen Holzscheite fallen, und Ochsen ziehen den schweren Stein dahin, wo der Naturtempel steht

Von Degerndorf bei Münsing führt der Weg, rechts am Hügel mit dem »Degerndorfer Kapellchen« vorbei, immerzu westwärts, der untergehenden Sonne entgegen, direkt in Richtung Starnberger See.
Schon von weitem sichtbar liegt Holzhausen, und vorgelagert ist die alte romanische Kirche auf dem auffallend isolierten Hügel: St. Johannes der Täufer. So ist diese ehemalige Wallfahrtskirche genannt, und der Ankommende bemerkt bald, daß sie rundherum mit Grabkreuzen umgeben ist.
Tatsächlich steigt der Friedhof terrassenförmig zum Portal an, und wie kaum ein anderer Kirchhof in Bayern gemahnt dieser Totenort zur Ehrfurcht.
Der Friedhofsmauer vorgelagert, im Nordwesten und vom See weither sichtbar, steht eine uralte Linde. Die ist vom Blitz gespalten; in ihrer durch Wetter, Jahrhunderte und Himmelsfeuer entstandenen »Naturgrotte«, die einem ausgewachsenen Menschen Platz böte, steht, mit festem Eisengitter verschlossen, die Gnadenmadonna. Ein »Naturtempel« ganz besonderer Art und Ausstrahlung: zwischen christlicher Demut und Erdmagie!

Vielleicht ist es für den einen oder anderen etwas unheimlich, auf diesem wirklich spukumwobenen Friedhof zu stehen. Denn durch die terrassenförmige Anordnung befindet sich gar manches Grab »über« dem Davorstehenden oder wenigstens höhengleich. Bei frisch aufgeschütteten Gräbern, vor allem zu Zeiten des beginnenden Lichts, zumeist im Februar und vor allem bei Schnee und Nässe, verstärkt sich dieses Erlebnis noch. Eine Ärztin aus München, die ausschließlich homöopathisch und mit Naturheilverfahren arbeitet, hat vor der Kraft dieser ewigen Ruhestätte sogar gewarnt. Doch ist dieser Ort für Wunder wie geschaffen. Und ein Besuch in der kalten und düsteren Kirche St. Johannes der Täufer bestätigt bald: Hier geschah immer schon Wunder-sames.

[1] P. Magnus Sattler OSB: »Das Büchlein vom Heiligen Berge Andechs«, Andechs 1910, S. 68f.

Und wieder waren es Tiere, die als erste auf die starke Bodenstrahlung reagiert haben.

Steh still, Mein Leser, stehe still!
die wunder *thue erwegen*
so ich allhier anzeigen will,
und Dir gantz kurtz auslegen.

So steht es, mit ordentlichen Pinselstrichen geschrieben, über einem stark von den Jahrhunderten nachgedunkelten Bild links im Altarraum, direkt neben dem Altartisch.
Der Text will uns von den wunderbaren und wahrhaft ver-wunderlichen Dingen, die hier geschehen sind, berichten. Er ist in einem barockisierenden Deutsch mit späten mittelhochdeutschen Einsprengseln verfaßt und erzählt folgendes:
Als man seinerzeit hier in der Gegend eine Kirche bauen wollte und den geeigneten und gottgefälligen Ort dafür suchte, da fand sich kein rechter Bauplatz. Wie sollte man also den Willen des Herrn erkennen?
Bei dem hartnäckigen Versuch, trotz dieser Schwierigkeit die Kirche zu errichten, wurde dieses Vorhaben ständig durch allerlei Zwischenfälle verhindert:
Die Bauleute, egal, ob Zimmerer, Maurer, Lastträger, sie verletzten sich bei jedem Schlag, den sie ausführten. Kein einziger Handgriff also wurde ungestraft verrichtet. Alles ging schief.
Nun, da schier gar nichts zu gelingen schien, geschah zum erstenmal Wundersames: Ein Vogel flog herbei mit einer seltsamen Last im Schnabel. Ihm folgten andere, und es wurden immer mehr. Aus allen umliegenden Baumwipfeln, aus allen Himmelsrichtungen flogen die gefiederten Tiere dem Ort zu; sie alle hatten mit Blut bemalte Holzspäne in den Schnäbeln.
Genau an der Stelle, wo die Kirche stehen sollte – und heute noch steht –, da ließen sie ihre symbolträchtigte Last fallen.

Die Vögel trugen Schaidten mit Blut bemalen
und ließen sie hier niederfallen.

Die Kirche St. Johannes der Täufer mit Friedhofsmauer in Holzhausen am Starnberger See

Dieses Wunder, daß nämlich die Vögel des Himmels einen »Ort der Kraft« bezeichneten und markierten, wurde noch deutlicher durch zwei Ochsen, die »von ganz allein« einen Karren zogen. Der Darstellung nach muß das eine Art Ziehschlitten gewesen sein. Und darauf lag ein riesengroßer, zentnerschwerer Stein. Die Zugochsen blieben stehen, wo auch die Holzspäne lagen, und so wurde der Standort der Kirche abermals deutlich gemacht.

Die Ochsen schoben gantz allein
khein Mensch hat angetriben
den affgelegten grossen Stein
allhie seint sie verbliben.

Und der alte Text schließt mit der Feststellung, daß Gott durch diese Wunder seinen Willen offenbaren wollte.
Und damit auch Gehör fand. Wenngleich er Tiere als »Sprachrohr« benutzte. Und die durch viele Unfälle schwer geprüften Bauleute verstanden seine »Sprache«.

Durch dise Wunder gott gewollt
dem Menshen hier auf Erden
andeuthen wo die Kirch sein sollt
und er gelobet werden.

1743 muß ein für Kirchengründungen günstiges Jahr gewesen sein. In ihm geschah sowohl die Grundsteinlegung der Kirche Vierzehnheiligen als auch die Fertigstellung der Klosterkirche Münsterschwarzach.
Wer sich im Altarraum von Holzhausen vor das Bild stellt, welches uns von dem Wunder aus dem Jahre 1743 erzählt, der wird bald die Schwingungen des Bodens spüren, und zwar genau dort, wo das Bild hängt.
Auf der alten und sehr dunkel gewordenen Leinwand ist tatsächlich alles so dargestellt, wie es damals geschah: Die Ochsen mit dem schweren Stein; Vögel, wie sie kleine Brettchen fallen lassen. Man erkennt das Dorf, ebenso ein auffallend dunkles Kreuz und deutlich auch den Engel, der über dieser gottgewollten Szenerie wacht.
Im Kirchenschiff, neben den Sitzbänken, berichten Votivbilder über weitere Wunder, die seit der Fertigstellung der kleinen Kirche geschehen sind:
Sowohl im Jahre 1800 als auch im Zweiten Weltkrieg hat hier ein Gnadenbild der Muttergottes geholfen und hat Kriegsvolk an dem geweihten Ort »vorbeiziehen« lassen. Das herrliche Madonnenbild ist heute noch in der Kirche zu sehen.
Nicht weit von dem Ort der Wunder und der Heilungen entfernt liegt das Kursanatorium Wiedemann. Der Gründer dieser Klinik ist südlich der Kirchenmauer im Gottesacker begraben. Sollte die Gegend wirklich ein »Ort der Heilung« sein?

Drei Schlangen auf dem Taubenberg – Von der wundersamen Schwingung des Wassers

Mitten in Oberbayern, zwischen Holzkirchen und Miesbach, erhebt sich der Taubenberg. Östlich fließt die Mangfall, und auch der stille Ort Weyarn ist nicht weit. Zudem ist Weyarn, wegen der von weitem sichtbaren ehemaligen Augustiner-Chorherren-Stiftskirche, der darin befindlichen Pietà und des herrlichen Verkündigungsengels von Ignaz Günther, immer wieder einen Ausflug wert.

Der Taubenberg beherbergt in seinem Inneren, quasi »in seinem irdischen Schoß«, eine große Höhle, voll des denkbar klarsten Wassers. Stammt doch der wesentliche Teil des Münchner Trinkwassers »aus dem Taubenberg«. Die vielen und teilweise recht kunstvoll und mit Verständnis für den spirituellen Hintergrund angelegten Quell- und Hangquellfassungen, die dem Wanderer im Mangfallgebiet oft begegnen, geben beredte Kunde davon.

Nebenbei bemerkt: München besitzt eine der gottbegnadetsten Trinkwasservoraussetzungen; beizeiten weise erkannt, erschlossen und konzipiert von wahrhaft weit-sichtigen Altmünchner Stadtvätern!

Tiere spüren die Kraft und die Magie der Erde. Wie bei den Wunderorten Forstenried, Hallein und Holzhausen sind es auch hier, auf der Wasser spendenden Erhebung des Taubenbergs, Tiere gewesen, die »wundersam« in Erscheinung traten.

Dereinst hatte auf diesem Berg ein Bauer gearbeitet. Es gab zu dieser Zeit noch keine Lastwagen. Der Mann mußte erst mühselig sein schweres Fuhrwerk mit Langholz beladen, um dann den lebensbedrohlichen Weg »nach unten« anzugehen.

Zunächst ging alles gut, die Räder rollten langsam, doch es hieß, höllisch aufzupassen.

Doch plötzlich bleiben die Zugtiere ruckartig stehen und gebärden sich wie von Sinnen. Das tonnenschwere Fuhrwerk droht zu kippen, denn all die wuchtigen Baumstämme zerren schon an ihren Ketten. Der Bauer tut, was er kann, er kämpft mit dem Gespann. Da sieht er vorn auf dem Weg den Grund für die Gefahr: drei funkelnde, goldgrüne Kreuzottern sonnen sich mitten auf dem Weg.

Von Osterwarngau aus führt ein Meditationspfad zu den drei Kreuzen des Taubenberges. Auf halbem Weg begegnet das Kapellchen »Nüchternbrunn«*: Ein Klausner lebte hier, und es geschahen Heilungswunder!*

Dieser Schreck, dieser Moment ohne Nachdenken, ohne Wenn und Aber, war *der* Moment, in dem der Bauer »loslassen« konnte. Es war der »Augen-Blick« des Wunders, die Sekunde im All, die Ewigkeit im Jetzt.

Er betete: »Gott! Lieber Gott, wenn ich diese Situation überstehe, dann werde ich genau hier drei Kreuze errichten!«

Das Wunder geschah im gleichen Moment. Augenblicklich und ohne einen sonst ersichtlichen Grund verließen die Schlangen mit dem tödlichen Gift urplötzlich den Weg. Sie verschwanden »mit blitzschnellen Bewegungen im Dickicht am Straßenrand.«[1]

Gott hat geholfen, und ein Wunder ist geschehen.

Dankbar für seine Errettung, hat der Bauer kurz darauf drei Kreuze auf dem Taubenberg errichtet, wo sie noch heute zu sehen sind.

[1] vgl: Gisela Schinzel-Penth: »Sagen und Legenden um Miesbach und Holzkirchen«, Frieding 1995, S. 245

Dreimal die Schlange und dreimal das Kreuz: Der Taubenberg ist ein Schnittpunkt der Polaritäten. Wer in der Nähe des Aussichtsturmes (über dem gigantischen unterirdischen Wassertempel) steht, der spürt die große Kraft!

Betrachten wir die Symbolik: Drei Kreuze, also die heilige Zahl »Drei« und dazu das Kreuz als Symbol von Heilung und Überwindung des Todes. Drei Kreuze waren es, die einstmals auf Golgatha standen.

Auch die »Schlange«, das Gegenbild zum Kreuz, tritt in dieser Wundererzählung als Dreiheit auf. Denken wir an die Versuchung Christi in der Wüste. Hier bietet Satan dem Erlöser dreimal die Verlockungen dieser Welt an.

Wunder sind Zeichen! Auf dem Taubenberg ist es die dreifache Schlange, die ein menschliches Wesen »vom Weg abbringen«, ja gar »zu Fall« bringen will.

Aber Gott hat eingegriffen; der Bauer wurde gerettet. Er war dankbar und hat die drei Kreuze dort oben aufgestellt.

Geht man vom Berggasthof »Taubenberg« aus Richtung Wasserturm oder »Aussichtsturm« und dann bald rechts, sieht man sie an einer Wiese stehen. Die Jahreszahl lautet 1953.

Geht man an stillen Tagen dorthin, zum Beispiel an den Rauhreiftagen im Januar, ist es ein besonderes Erlebnis, am Wasserturm zu meditieren und die unterirdischen Wasserhöhlen unter den Füßen zu visualisieren.
Gar oft ist der »Ort«, der ein Wunder gefördert hat, mit »Wasser«, mit »Erhebung« oder gar mit beidem zusammen verbunden. Gibt es eine besondere Schwingung in der Nähe von Wasser?
Jede Ursache hat eine Wirkung: Quellen enthalten stets »quellreines«, also natürlich sauberes, gottgegebenes Naß. Es ist demnach kein »Wunder«, daß in der vorindustriellen und weniger auf Hygiene bedachten Zeit so ein reiner Quellfluß gar manches Weh (Vergiftung, Verschmutzung von Körper und Seele) vertrieben hat.
Einfach weggewaschen. Die reinigende Kraft des Wassers spielt nicht umsonst im Taufritus eine so große Rolle. Man spürt die Kraft des unterirdischen Wassers, wo immer man auf dem Taubenberg steht.
Wunder werden bewirkt durch Gnade und die Kraft der Gedanken. Die gnadenbringendste Art zu denken ist und bleibt das Beten.

»Alles, was ihr bittet in eurem Gebet, glaubt nur, daß ihr's empfangt, so wird's euch zuteil werden.«

(Mk 11,24)

Wenn Schafe niederknien – Maria Kirchenthal bei Hallein

Inmitten des gewaltigen, recht unheimlichen Berchtesgadener Landes, nördlich des vom unbezwingbaren »König Watzmann« beherrschten Ortes Berchtesgaden, liegt Hallein. Von Berchtesgaden kommend, geht man entweder bei Zill oder Dürrnberg »über den Berg«, oder aber man fährt über St. Leonhardt-Kaltenhausen zu der berühmten Salinenstadt. Ganz in der Nähe findet sich für den Suchenden eine Kapelle, die auf ein besonderes Wunder zurückgeht.

Mit Hilfe der Geomantie kann man (wenn auch vielleicht nur annäherungsweise) der Erklärung des Wunders etwas näher kom-

men. David Luczyn erklärt in dem Kapitel »Geomantie – das Wissen um die Kräfte der Erde«:
»Während die Geologie die wissenschaftliche Lehre von der Erde und ihren mechanisch nachvollziehbaren Gegebenheiten beschreibt, ist die Geomantie eine alte esoterische Wissenschaft von den geheimen, das heißt subtilen Energien und Kraftströmen der Erde. Diese teils sehr stark wirkenden Kräfte waren Eingeweihten aller Kulturen bewußt, und sie wirkten und arbeiteten im Einklang mit ihnen.«[1]
Heute werden die »subtilen« Energien der Erde an bestimmten Orten in ihrer kraftvollen und unergründlichen Wirksamkeit zumeist weit unterschätzt. Oder gar nicht beachtet.[2]
Vielleicht spüren Tiere die Erdstrahlung besser als Menschen und reagieren daher instinktiv richtig.
Eine Gegend wie die um Hallein (»Hall« bedeutet immer Salz) ist, wie das gesamte Berchtesgadener Land, von ganz besonderer Strahlkraft. Nicht umsonst gibt es dort so viele okkulte Erscheinungen und Begegnungen.
Wer sich einmal in mondbeschienener Winternacht, von Hallthurm über Bischofswiesen kommend, auf den in kaltem Weiß leuchtenden, magischen Watzmann zubewegt hat, der fühlt, daß diese gewaltige Ansammlung von Materie eine besondere Ausstrahlung hat: Etwas Magnetisches, Bedrohliches, Kosmisches geht von ihr aus. Vor allem aber eine Verlockung, die so viele Menschen schon das Leben gekostet hat. Doch ruft dieser Abgrund – der sich wie jeder Abgrund als Erhebung zu erkennen gibt – als Gegensatz auch positive Schwingungen hervor.
So findet man in diesem Landkreis eine ganz besondere Art von Religiosität: innigen Glauben, verbunden mit einer starken »Erdung«.
Die folgende Geschichte basiert auf einer ganz alten Überlieferung. Sie stammt aus dem Jahre 1677. Der Schafhirte des Großbauern bei Hallein verlor eines Tages alle seine Tiere. Die Nacht senkte sich bereits über das Land, aber der Hirte fand seine Schafe nicht.
Und abends, als er am heimatlichen Hof Einlaß begehrte, da ließ

1 David Luczyn: »Magisch reisen – Deutschland«, München 1991
2 Nigel Pennick: »Handbuch der angewandten Geomantie«, Saarbrücken 1985

man ihn – ohne die ihm anvertraute Herde – schon gar nicht herein. Er sollte erst seine Schafe finden.
So suchte er zu unwirtlicher Stunde die Gegend ab. Die Nacht war kalt, klar, ungemütlich. Langsam kroch Verzweiflung in die Seele des jungen Menschen.
Da sieht er plötzlich einen Lichtschein! Der Hirte läuft, soweit es die Dunkelheit rundum erlaubt, eilends darauf zu und findet ein Muttergottesbild im hellen Licht der Gnade.
Und welch ein Wunder: die Schafe knien davor, mit niedergebeugten Vorderfüßen. Nicht ein einziges Tier fehlt.
Nun kniet auch der Hirte nieder und betet, da er das Wunder sogleich richtig deutet. Die Zeit scheint stehenzubleiben, und der wundersame Schein bleibt all die Zeit über Maria. Schließlich kehrt der Junge mitsamt der Herde zu seinem Hof zurück.
Selbstverständlich verbreitete sich die Kunde von dem wundersamen Geschehen und der Gnadenmadonna im gesamten Umkreis wie ein Lauffeuer. Das Muttergottesbild wurde und wird seitdem hoch verehrt. Und der Großbauer ließ zum Schutz vor der Witterung ein geschindeltes Holzdacherl darüber anbringen.
Ein Sagenbuch[1] berichtet, daß einer der Nachfolger des Großbauern, Rupert Schinerl, etwa um die Mitte des vorigen Jahrhunderts die heutige Kapelle am Ort des Halleiner Gnadengeschehens erbaut hat.
Und darin befindet sich ein geschnitztes Bild, das davon kündet und uns dazu einlädt, die Kraft des Wunders auch in unser Herz aufzunehmen.

[1] Gisela Schinzel-Penth: »Sagen um das Berchtesgadener Land«, Frieding 1993, S. 156

Naturtempel und Orte der Kraft

Erdenergie an besonderen Orten

An manchen Orten (vor allem auf Anhöhen, Bergen, Hügelgräbern und an Quellen) ist Gott besonders nahe. Und nicht vergessen: Der Schöpfer sieht alles ...
... Und er hat *Humor*!

»Jeder, der einmal zufällig oder bewußt an so einem Platz gestanden hat, weiß oder ahnt, was er bewirkt. Man fühlt sich erhoben, aufgeladen, zentriert, wird ruhig und klar und spürt sogar ein Kribbeln oder Ziehen. Hellsichtige Menschen beobachten eine Vergrößerung der Aura.«[1]

Naturtempel lassen sich finden

Bei einem »Naturtempel« ist das Selber-Finden so wichtig wie das Da-Sein. Man beachte die Wortnähe von Selber-Finden und Selbstfindung! Wichtig ist, daß Sie »Ihren« Tempel in Gottes freier Natur finden und ihn erkennen!
Der Tempel merkt sofort, daß jemand »da« ist und ihm die gebührende Anerkennung zollt. Sogleich stellt er seine Schwingung mit der Ihren gleich, vielmehr: Ihre Schwingungszahl erhöht sich, und Ihr Kontakt zur »höheren Macht« wird urplötzlich hergestellt, ein *Kraftfeld* entsteht.
Ein Tip: »Zwischen den Seen«, vor allem dem Starnberger See, Ammersee und den Osterseen, befinden sich solche Tempel. Die Gegend um Münsing scheint bevorzugt. Nicht umsonst entstand das »spirituelle Kraftfeld« Andechs genau zwischen den beiden Gletscherseen Starnberger und Ammersee!

[1] David Luczyn, a.a.O., S. 11 ff.

Alles schwingt. Alles steht mit allem in Verbindung. Die Ewigkeit korrespondiert mit dem Hier und Jetzt, eben im Jetzt. Denn nur im Jetzt kann die Ewigkeit aufblitzen: das ist die Spanne zwischen dem »es war eben noch« und dem »es wird gleich sein«. Diese Spanne zwischen den Zeiten des Seins ist so unendlich klein, wie die Ewigkeit groß ist.
Die Ewigkeit ist zeitlos. Nur wir sind zeitlich eingebunden, da wir Geschöpfe sind und keine Götter. Aber das *Göttliche* kann in uns wirksam werden!
Die Unendlichkeit ist weder unendlich groß noch unendlich klein: die Ewigkeit ist einfach unendlich.
Naturtempel, vor allem jene »zwischen Wassern«, sind Orte, an denen durch besondere Gegebenheiten (Gesteinsformationen, Wasseradern, Vegetation, Schwingungsfelder u.ä.) Kraftpole entstehen, die dann das Eingreifen höherer und kosmischer Mächte begünstigen.
Dabei spielt es keine Rolle, welchen Namen man selber dieser höheren Macht gibt – ob Gott, Kraft, Energie, kosmisches Bewußtsein, »das, was alles zusammenhält«.
Wichtig ist, daß man an etwas glaubt, das größer ist als man selbst!
Als Naturtempel interessieren uns besonders »Baumringe«, das heißt Bäume, die wie auf einem gedachten Ring gepflanzt dastehen und so das uralte und wirksamste Symbol und Kraftfeld, den »Kreis«, bilden. Solche Baumringe sind niemals Zufall, die »Höhere Macht« hat vor Urzeiten den Ring angelegt, so daß die Bäume (zumeist alte Buchen) zum Himmel emporwuchsen und so, ganz natürlich, einen magischen *Rundtempel* ergeben.
Der Kreis ist immer schon das ureigenste magische Zeichen oder religiöse Symbol (achtspeichiges Rad des Buddhismus, Rosen»kranz«, Jahresfest»kreis«, Ehering, magischer Zirkel, Strahlenkranz, Weißer Ring etc.).
Der Ring hat deshalb soviel Kraft, weil er die Ewigkeit nicht nur symbolisiert. Der Ring ist ewig: Bei dem Versuch, geistig auf ihm zu wandern, wird man kein Ende finden!
Nicht umsonst sind Tempel oft rund, oder aber es haben kreuzförmige Kirchenanlagen einen kleinen »Rundtempel« in der Decke: die sogenannte Kapelle, den Lichtraum.
Ein naturgewachsener Rundtempel muß gesucht und gefunden werden; das »Entdecken« des Naturtempels gehört zum eigentli-

chen Einweihungsweg, ist doch das Leben selbst Suche, Erkenntnis, Finden, ein Wiederverlieren und ebenso ein Wiederfinden.
Besonders viele solcher »Ringe« finden sich im Fünfseenland, also zwischen Starnberger, Ammer-, Weßlinger-, Pilsen- und Wörthsee. Auch das Land um und zwischen den Osterseen ist dazuzurechnen. Die Magie eines Kraftfeldes »zwischen den Wassern« scheint das Entstehen solcher Baumringe zu begünstigen.
Ein Beispiel:
Fahren Sie nach Percha am Starnberger See, und suchen Sie von dort aus einen Fußweg durch den Wald östlich des Sees. Dann gehen Sie immer in südlicher Richtung, mit Aufkirchen als Ziel.
Egal, welchen Weg Sie finden werden: in der Mitte der Zeit, die Sie brauchen, wird sich immer eine Lichtung auftun. Und im Osten der Lichtung, also des Lichts, finden Sie irgendwann »Ihren« Rundtempel, verborgen und doch sichtbar.
Stellen Sie sich alsdann in die Mitte des Baumkreises, heben Sie die Arme, und seien Sie voller Dankbarkeit. Führen Sie dann beide Hände, als ob Sie »die Luft greifen« wollen, dem Herzen zu oder dem Magen. Und Sie werden merken: Die Energie des Ortes ist »mit Händen greifbar«.
Beten, meditieren oder denken Sie nach, was immer Ihnen »liegt«.
Die Abendstimmung eignet sich hierfür besonders. Bei Vollmond ist das Ergebnis fast beängstigend.
Sie werden sehen: Verdauung, Kreislauf und Bewußtsein erfahren sogleich eine Regulierung hin zum »Natürlichen«, das heißt hin zu der ihnen angemessenen Harmonie.
Viele haben es schon ausprobiert, so auch der Autor. Die Kraft des Ortes (suchen müssen Sie ihn allerdings selber!) werden auch Sie mit Händen greifen können.

Eine Kirche entsteht aus Dankbarkeit – Ein Ort besonderer Kraft

In der Nähe von Münsing, östlich des Starnberger Sees, auf einer langgezogenen Anhöhe von besonderer »Strahlung«, liegt die Ortschaft Degerndorf. Nach ihr benannt ist auch der gesamte Höhenzug, der einen herrlichen Blick gen Westen hin über den See öffnet: die Degerndorfer Höhe.
Gekrönt wird diese Höhung der Landschaft von dem Degerndorfer Kapellchen auf einem überschaubaren kleinen Berg, mit Blick auf Holzhausen und weit schweifend über den Starnberger See. Hier an dieser Stelle ist das »Kraftfeld« so stark, daß es der sensible Wanderer unter den Fußsohlen prickeln spürt! Kein Wunder! Steht da doch mit dieser kleinen Kirche, die übrigens mit der Altarseite nach Westen gebaut ist und nicht nach Osten und die von einer Eiche und einer Linde geschützt wird, eine beliebte Andachtskapelle. An diesem spirituellen Ort geschehen Wunder, die in kleinen Dankesschriften bezeugt sind. Die Entstehung des Bauwerkes ist selber auf ein Überlebenswunder zurückzuführen:

Der Zweite Weltkrieg war noch nicht zu Ende, das Weihnachtsfest des Kriegsjahres 1944 stand vor der Tür.
Ganz in der Nähe der heutigen Kapelle trat jene »Zufalls«-Kette in Kraft, die wir, wenn wir den Glauben haben, längst als Fügung bezeichnen, vielleicht gar als Wunder. Im Verlauf der Dinge, die hier zu geschehen hatten, werden wir sehen, daß tatsächlich eine Kette von Wundern, die bis heute anhält, dort ihren Anfang nahm.
Denn das, was manche »Zufall« nennen, erscheint uns bei näherem Hinsehen als so eindeutig Gott-gewollt, daß das Wort »Zufall« als ganz und gar unzureichend betrachtet werden muß.
Am 17. Dezember 1944 explodierte kurz hinter der Ortschaft Degerndorf ein englisches Kampfflugzeug. Vier Flieger verloren bei diesem Absturz ihr Leben. Nur einer überlebte.
Er hat sich mit dem Fallschirm retten können, wurde allerdings verletzt und schleppte sich bis ins Dorf zur Kirche. Dort wurde er vom damaligen Bürgermeister Bolzmacher gefunden, versorgt und gepflegt.

Der Geistesgegenwart des umgekommenen englischen Piloten, der das Flugzeug gesteuert hatte, sei es zu verdanken, daß das Dorf vor einer großen Katastrophe bewahrt blieb, erzählte der überlebende Flieger später.
Wer aber hat ihm die Geistesgegenwart »im rechten Augenblick« gegeben? Es muß ab da eine Macht in das Geschehen um Degerndorf eingegriffen haben.
Die vier tödlich verunglückten Männer setzte man zuerst einmal auf dem Friedhof von Degerndorf bei. Später allerdings wurden sie auf den englischen Soldatenfriedhof zwischen Bad Tölz und Miesbach verlegt.
Das alles berichtet ein Taferl, das in dem kleinen Andachtsraum der Kirche hängt.
Als Dank dafür, daß das Dorf weitestgehend von den Kriegswirren verschont geblieben ist, wurde dann das kleine Kircherl auf dem beliebten Aussichtsplatz errichtet.
Als Material verwendeten die Einheimischen Schuttsteine aus München. Aus dem Produkt blinder Zerstörungswut des Bombenkrieges entstand etwas Neues, Aufbauendes, Bewahrendes.
Unter teilweise erschwerten Bedingungen wurden die Steine mit Lastwagen nach Degerndorf gefahren.
Zwischen 1947 und 1948 hat man dann die Maria-Dank-Kapelle erbaut. Die Einweihung des so besonderen Gebäudes feierte die Bevölkerung an Mariä Himmelfahrt des Jahres 1948.
Eine Stätte im Licht! Und das »Licht« an diesem Ort ist ein besonderes; wer einmal da war, kehrt immer wieder.
Seit dem Tag der Einweihung finden einmal im Jahr Lichterprozessionen statt. Immer in der Zeit zwischen dem 13. Mai und dem 13. Oktober machen sich die Bewohner einmal monatlich von Degerndorf aus auf den Weg zu ihrem denk- und ehrwürdigen Kircherl. Der 13. Mai und überhaupt der 13. eines Monats scheinen besondere Daten zu sein:
Am 13. Mai des Jahres 1917 erschien die Maria von Fatima den Kindern und forderte sie zum Gebet auf. Dies war die erste Erscheinung der Unbefleckten an dem weltberühmten Gnadenort. Am 13. Juli 1917, also noch im selben Jahr, hatten die Kinder eine schreckliche Höllenvision mit »Teufel und Seelen in Menschengestalt«, und am 13. Oktober 1917 geschah in Fatima das von vielen

Menschen gesehene Wunder der »tanzenden Sonne« (am 13. Oktober 1930 vom zuständigen Bischof Josef von Leiria gewürdigt). Übrigens geschah auch das Attentat auf Papst Johannes Paul II. an einem 13. Mai (1980). Der Autor hatte am 13. Mai 1991 eine Vision, sein Leben zu ändern, die letztlich zur Entstehung dieses Buches führte.
Unzählige Male konnten Gläubige an diesem Ort auch Heilung finden, davon zeugen Erzählungen vor Ort und kleine Dankopfer, die am Altar der Muttergottes niedergelegt wurden. In der Silvesternacht ist das Kircherl mitsamt dem Ort außenherum bevölkert und »beseelt«. Gäbe es eine würdigere Stätte, das neue Jahr mit Gott, Maria und Jesus zu beginnen?
Eine Votivgabe zum Jahreswechsel 1979/80 spricht zu uns:

»Ich bau' auf Deine Macht und Güte,
vertrau' auf sie mit kindlichem Gemüte.
Ich glaub', vertrau' in allen Lagen blind
auf Dich, Du Wunderbare, und Dein Kind!«

Dieser Ort lehrt, die Sorgen und Nöte, die das Ego bedrücken, in das leuchtende Gold von Glaube und Gelassenheit zu verwandeln. Das erst macht »Wunder« möglich.
Man muß den eigenen Willen aufgeben und sich dem Willen einer Macht, die viel größer ist als man selbst, ganz und gar anheimgeben. Dazu noch ein Satz von Kurt Tepperwein aus dem Werk »Die geistigen Gesetze«:
»So ist in den trübsten Erfahrungen das meiste Gold der Erkenntnis enthalten, und der Weise lernt, gerade dafür besonders dankbar zu sein. Denn eine Lektion, die er gelernt hat, muß vom Schicksal nicht wiederholt werden.«[1]
Den »individuellen Willen in den Schöpfungswillen einfließen lassen«[2], das führt, nach Tepperwein, zu Harmonie und »Schicksalsfreiheit«.
Wer von allen Menschen der Erde gäbe dafür ein leuchtenderes Beispiel als Maria, die den Willen Gottes erkannte und auf die Bot-

[1] Kurt Tepperwein: »Die geistigen Gesetze«, München 1992, S. 117
[2] ebenda, S. 118

schaft, sie bekäme ein Kind aus dem Geist, antwortete: »Dein Wille geschehe!«

Das Wunder der Heilung funktioniert in der Maria-Dank-Kapelle besonders gut, was Herz und Magen anbetrifft, auch Partnerbeziehungen (Herz!) sind dort schon »gekittet« worden. Viele Zeugen erzählen davon.

Das Wunder des »Gekreuzigten ohne Kreuz« im Lochhamer Schlag

Im Haderner Wald, an einer besonderen Weggabelung des Pfades der Einkehr, steht ein ganz eigenartiges Kreuz. Da, wo München seine beschaulichsten »Randerscheinungen« zeigt, wo es still ist und zum Nachdenken einlädt, weil eine kleine Lichtung sich auftut wie eine hilfreiche Idee, findet der Spaziergänger oder der Radler urplötzlich am Wegesrand »seine« Gnadenstätte.

Vor etlichen Jahren gab es hier lediglich einen verträumten, gut versteckten Jägerstand im Tannengrün, einen wackeligen hölzernen Sitz zwischen den Wipfeln, und man konnte dort unbemerkt verweilen und in den Abend hineinsinnieren.
Dann, plötzlich, stand da ein fein säuberlich hergerichteter und bearbeiteter Baumstamm an der Wegkreuzung, der oben mit einem geschindelten Dacherl gekrönt und unten mit festem Eisen gefaßt war, damit ihn nur ja keiner hätte mitnehmen können. Inzwischen, wegen der vielen Pilger, ist dieses »Holzstamm-Heiligtum« einer richtigen Kapelle gewichen, die den im wahrsten Sinne des Wortes wunder-samen Stamm umschließt.
Betrachten wir also den Baum mit dem »Jesus ohne Kreuz«: Mitten aus diesem so besonderen Holz streckt sich eine wohl recht alte gußeiserne Christusfigur, die den Gekreuzigten darstellt: »Jesus in der Rinde«.
Dieser ist vor wer weiß wie langer Zeit in eine Höhlung des Baumes gesteckt und vielleicht auch mit einem besonderen Schwur belegt worden, vielleicht, um ein Gelübde zu erfüllen. Nun hatte der

Baum Zeit zu wachsen, und das Kreuz ist verrottet – übrig blieb der Jesus. Gewachsener Glaube also, das erzählt uns der Baum. Auch der Glaube muß seinen Standpunkt haben, Wald, Wind und Wetter standhalten.

Seit dieser Jesus im Baum steckt, zunächst in dem natürlich im Wald gewachsenen Holz, wurde der Ort mit Blumen geschmückt und immer wieder liebevoll hergerichtet. Denn der gußeiserne Rinden-Jesus hat geholfen, seit ihn irgendwann ein Unbekannter in den noch jungen Baum gesteckt hat.

Die Geschichte jenes Ortes, an dem immer wieder Wunder geschehen, ist grausig. Ja, dieses Stück »Lochhamer Schlag«, das kleine Waldgebiet zwischen Gräfelfing und Lochham, birgt offenbar ein ungutes Geheimnis.

Man munkelt, daß in den letzten Kriegstagen an dieser Stätte mehrere Menschen umgebracht und im kühlen Waldboden verscharrt worden sind.

Doch trotz alles Unguten, das dort geschehen sein mag – der Ort ist ein besonderer. Und die gute, heilende Ausstrahlung nimmt er sicherlich aus der Überwindung des »Bösen«. So ist das (überwundene) Kreuz dieser so symbolträchtigen Christusfigur hier im Baumstamm sicherlich kein Zufall.

Nur wenige wußten in den letzten Jahren und Jahrzehnten um die besondere spirituelle Ausstrahlung des Ortes. Waren das irgendwelche Angehörige, Ahnende, Wissende oder Eingeweihte, die zu der Stätte eine innige Beziehung hegten?

Die Süddeutsche Zeitung recherchierte über die dunklen Hintergründe des Waldstücks, daß es um »von Soldaten zurückgelassene Waffen« gegangen sei.[1] Weiter wird berichtet: »Schließlich sei direkt in der Nähe ein militärisch gut bewachtes Fernmeldekorps stationiert gewesen.«[2]

Man nimmt an, daß Waffen gestohlen und die Diebe unmittelbar danach hingerichtet wurden. Oder war es vielleicht ganz anders? Ein Mord war allemal im Spiel. Der Bürgermeister Josef Schmid »kann sich gut erinnern, daß er von seinen Eltern immer davor ge-

[1] SZ vom 24.11.93, in: Neueste Nachrichten – Landkreis München
[2] ebenda

Sein Kreuz überwunden hat der Christus von Haderner Wald.

warnt worden ist, in den Lochhamer Schlag zu gehen: ›Da wird geschossen.‹«.[1]
Irgendwann, nach wer weiß wie vielen Jahren, hat dann der Unbekannte das Kreuz in eine Gabelung des noch jungen Baumes gesteckt. Der Baum wuchs, umschloß das Kreuz, dieses verrottete. Der Christus blieb, segnend ragt er aus dem alten Holz heraus.

[1] SZ vom 24.11.93

Von alten Menschen, die hier wohnen und spazierengehen, wird erzählt, der Ort sei »von Unbekannt« immer schon weihevoll behandelt und gepflegt worden.
Wunder geschehen, seit der Heiland seine helfenden Hände, ja eigentlich die gekreuzigten Arme, über das Waldstück hält. Es sieht heute noch so aus, als ob er dieses Fleckchen Erde segnen wolle.
1993 entstand dann die »Gnadenstätte« mit dem Materl. Nachdem ein verheerender Herbststurm den Baum entwurzelt hatte, wurde dieser liebevoll wiederhergerichtet, neu aufgestellt, unten mit Eisenarmierungen im Boden befestigt und oben mit einem hellen Schindeldacherl versehen.
Was geschah? Die Menschen kamen nun vermehrt: der Jesus, immer noch mit dem Stamm verwachsen, half bei großen und kleinen Wehwehchen. Er half nicht nur »heilen«, sondern vor allem dabei, gute Gedanken zu finden.
Knapp zwei Jahre später, nämlich im Frühjahr 1995, entstand hier eine Kapelle, und dazu findet sich ein fein hergerichteter, blumengeschmückter Vorplatz. So hat der »Jesus in der Rinde« sein eigenes, sein natürliches Gotteshaus in freier Natur gefunden.
Und schon beim Bau der Kapelle geschahen abermals Wunder: ein Arbeiter beispielsweise fiel vom Gerüst, er stand unverletzt auf und tat weiter seinen Dienst.
Längst wurde der kraftvolle Ort zur »heimlichen Gnadenstätte«. Immer mehr Menschen zieht es hierher. Sie beten, halten inne, spüren das, was hier, ortsgebunden, aber Zeit-los wirk-sam und spürbar ist. Jeder, der hierherkommt, bestätigt das seltsame Gefühl des Wunderbaren dort an der Wegkreuzung.
Ein Wunder, es bedeutet doch immerzu »Kreuzung« zwischen Himmel und Erde, zwischen höherer Macht und irdischem Können und Vermögen. Die Menschen, die hierher zum Beten kommen, sie erfüllen alle den Ur-Sinn von »Ge-bet« im Sinne der Betonung der ersten Silbe: Ge-bet! Gebet hin, eure Begierden, Anhaftungen und Verwirrungen. Und ihr werdet empfangen. Wer symbolisiert das besser als dieser Heiland hier, der sein Kreuz verloren hat, indem er es jahrzehntelang trug.
Es gibt sie eben doch, die »multidimensionale Wirklichkeit«. Im Wald wurde aus dem Schwingungsfeld des Bösen ein Ort des Schweigens und des Wunders. Wer vergibt, heilt.

Inmitten der Natur ist der Gekreuzigte zugleich der Auferstandene. Gründonnerstag bedeutet »Annehmen«, Karfreitag »Abgeben«. Und am Karfreitag sind besonders viele Menschen da. Der Auferstandene aber hat das Kreuz verschwinden lassen, in der tiefen Versenkung, die wir Zeit nennen.
Nehmen Sie sich die Zeit, und gehen Sie hin, vorzugsweise an einem Freitag oder am Karfreitag. Dann ist der Karfreitag gar nicht mehr so traurig. In ihm liegt diese ungeheure Spannung, die hinter jedem Schmerz die Linderung erwarten läßt.
Dann erkennt der Wanderer im Dunkel des Waldes das, was sein Leben bislang »durchkreuzt« hat. Sich mutig der Sache stellen und nicht ausweichen: schon wird alles besser. Das ist das erste Wunder.
Wo denn der Ort ist? Wo zeigt sich Jesus als Gekreuzigter ohne Kreuz? Im Lochhamer Schlag? Überall!
Jeder muß seinen Jesus, seinen »Lebensbaum« finden und gegebenenfalls nach dem Weg fragen.
Auch der Wald ist überall. Vor allem im eigenen Kopf.
Der Gründonnerstag weist wunderbar den Weg.[1]

Die tausendjährige Linde von Holzhausen

Holzhausen am Starnberger See, zwischen Degerndorf und Ambach: unser Wunder-Weg hat uns schon in einigen Geschichten, die in diesem Buch zu finden sind, hierhergeführt.
Die tausendjährige Linde steht direkt vor der Kirchenmauer, vom Blitz gespalten, weise, himmelsnah und erdgebunden. Sie bietet den denkbar günstigsten Naturtempel, und sie birgt in der ihr eigenen Höhle des verwitterten, aber immer noch lebendigen Holzes eine wunderschöne und wundergebärende Madonna.
Für den sensiblen Betrachter scheint hier der Boden unter den Füßen zu vibrieren. Es ist, als ob der Kosmos den Namen Gottes raunen würde – von Anbeginn zu Anbeginn.

[1] s.a. SZ vom Freitag, 31.3.94: »Münchens heimliche Wallfahrtsstätte« v. Fritz Fenzl

Wer Gott hören will, der muß die sehr leisen Töne vernehmen können, der muß in der Lage sein, »Stille« zu erlauschen, zu erleben und in sich aufgehen zu lassen. Denn Stille ist immer ein guter Nährboden für das Pflänzchen des Glaubens.
Und gerade dieses »Hören des Schweigens« ist hier, im Schatten der Linde, so besonders gut möglich. Der Blick schweift gen Westen über den See, dorthin, wo die Sonne täglich ihr Tagwerk vollendet, um dann am nächsten Morgen »hinter der Kirche« strahlend über der Friedhofsmauer wieder »aufzuerstehen«.
Das Auge gleitet sanft über den hügeligen Moränenkamm zum Hohenpeißenberg und sodann über die gesamte Voralpenlandschaft. Und die stämmige, aber etwas unheimliche Pfarrkirche inmitten des Gottesackers, von der wir im Kapitel »Vögel lassen Holzscheite fallen« hörten, bildet wohl einen der malerischsten Blickpunkte Oberbayerns. Zahlen im Triumphbogen bestätigen, daß diese Kirche viermal gebaut worden ist. Das »StarnbergerSeeBuch« gibt Auskunft: »Die erste Kirche entstand um 777 n. Chr. Eine zweite Kirche wurde von den Ungarn 955 niedergerissen. Ein drittes, 1420 errichtetes Gotteshaus wurde 1611 umgebaut und 1746 erweitert. Die Vorläuferkirche war Johannes dem Täufer geweiht.«[1]
Johannes der Täufer. Wen wundert es, daß der »Geist« einer der geist-reichsten Gestalten des Neuen Testamentes hier weht. Der Suchende möge am »Johannisfest« hierherkommen, in der Ferne Feuer lodern sehen und das Vibrieren der Erde spüren.
Die »magische Linde«, mit der durchlebten Ewigkeitszahl »Tausend« im Namen, ist zur Zeit der ersten gotischen Kirche gepflanzt worden.
So trägt sie in sich die Kraft, die Mystik und die Hingabe des frühen, hohen und späten Mittelalters, den Zweifel der Reformation, den Hochmut des Humanismus, die Menschenverachtung der Industrialisierung und der sogenannten humanitären Bewegungen – und all die fragwürdigen Segnungen der Neuzeit.
Doch »dazwischen« liegen, gleichsam wie Jahresringe, Wunder über Wunder, Fingerzeige des Himmels, die denen geschenkt wur-

[1] Susanne Westerndorf, a.a.O., S. 130 (Das im Selbstverlag erschienene Buch bietet eine großartige Auswahl an »spirituellen« Orten, mit guten geographischen und kunstgeschichtlichen Hintergrundinformationen.)

Die tausendjährige Linde, Wundermadonna in der »Naturgrotte« des uralten Holzes

den, die eben nicht an den vermeintlich alleinseligmachenden Zeitgeist glaubten, sondern an Gott!
Nicht zufällig befinden sich auch im Inneren der Kirche mehrere kunstgeschichtlich interessante Madonnen:
»Die ›Madonna als Himmelskönigin‹ aus der Wessobrunner Schule steht auf dem rechten Seitenaltar. Die Tafel zeigt sie geschmückt als eine Patrizierin mit rosafarbenen Rosen im Haar und mit ihrer Gloriole aus Sternen. Die Chorkapelle ist ebenfalls der Madonna geweiht worden. Zur Holzhauser ›Schönen Gottesmutter‹ setzte eine rege Wallfahrt ein.«[1]
Sehenswert ist auch das Deckengemälde der Kirche. Es zeigt wiederum die »Schöne Madonna«, auf Wolken sitzend, umgeben von aller himmlischen Herrlichkeit. Wenn Sie dann zu der Linde westlich der Friedhofsmauer zurückkehren und sich in das innere Strahlen der feinen Marienstatuette vertiefen, die in der vom Blitz ge-

[1] Susanne Westerndorf, a.a.O., S. 130

schaffenen »Baumhöhle« des wuchtigen, ehrwürdigen Baumes steht, können Sie vielleicht Ihr eigenes Wunder erleben. Denn an diesem Fleckchen Erde sind schon viele, viele Wunder der Heilung und der Fügung geschehen ...

Die Linde ist in tausend Stücke geborsten – aber die zarte Madonnenfigur blieb durch ein Wunder heil!

Am Freitag, dem 5. Juli 1996, hat ein orkanartiger Sturm die »tausendjährige Linde« von Holzhausen gefällt.
Die Süddeutsche Zeitung schrieb dazu am 9.6.: »... niedergestreckt von einer mächtigen, unsichtbaren Hand ... Inmitten des Chaos aus zerborstenem Holz steht, wie durch ein Wunder unversehrt, eine Marienfigur ...« *Es ist ein Wunder!*[1]

[1] Der ursprüngliche Text wurde belassen, er ist direkt an der Wunderlinde recherchiert, als diese noch stand. So kann der Leser den Baum visualisieren. Denn die Kraft hält an ...

Naturtempel offenbaren sich dem, der sie sucht – Die Würminsel im Pasinger Stadtpark

Kraftorte sind rund, sie sind »verschlossen«, hier tanzen Elfen ..., aber oft auch andere Wesenheiten, und klösterliches Leben hat sich vom Fokus solcher Orte immer schon »wie magisch« angezogen gefühlt.
Alle diese besonderen Kriterien (und noch mehr!) erfüllt die »Würminsel« der Englischen Fräulein im Pasinger Stadtpark, also im lichtvollen Westen Münchens. Der Ort atmet »Kraft«, handelt es sich doch um einen der schönsten Plätze Pasings, wenn nicht gar ganz Münchens. Das ist wirklich ein ausgesuchtes Stückchen irdischer Glückseligkeit, das sich da »wie ein Wunder« dem Spaziergänger auftut – wenn er hineinfindet. Denn der Ort ist »unzugänglich«.
Doch schon das herrliche Stückchen Flußlandschaft vor der alten Pasinger Kirche wirkt magisch, wunderbar gelegen zwischen Stadtpark, Klostergarten und der Würm in einem idyllischen Winkel, dem man nicht umsonst nachsagt, daß hier in nebeligen Herbstnächten Elfen und Hexen tanzen.

Aber die zauberhafte und von Erd- und Wasserenergie strotzende kleine runde Insel bleibt – wie wohl alles, was zwischen Okkultem und Heiligem »pendelt« – verschlossen. Doch manchmal steht ein Tor offen – und man tritt in das Rund! Augenblicklich fühlt man sich gefangen im mystisch-magischen Naturlabyrinth aus hohen und auffallend gesunden Bäumen, aus umlaufenden schmalen Wegen, kleinen Kapellen und versteckten Heiligtümern.
Die strahlende, zentrierende und erdende Kraft des Altwassers außenherum läßt das runde Stückchen Land in der Mitte des Wasserkreises auf jedem Quadratzentimeter »schwingen«.
Wenn Sie hier stehen, sollten Sie an Ihre Gesundheit denken. Die Chinesen bezeichnen die (Erd)kraft, die wir in unseren Naturtempeln suchen, mit »Chi«, es ist das »Blut der Erde in den Adern des Drachen«. In der einschlägigen Literatur wird betont, diese »Adern« seien Energiekanäle und sie würden sich, den Meridianen im menschlichen Körper vergleichbar, über den gesamten Globus hinziehen.

Naturtempel liegen in der Nähe besonderer Kirchen. Die Passionistenkirche »Mariä Geburt« befindet sich direkt neben dem Klostergarten mit der rund-magischen Würminsel.

Besonders stark sei das »Chi« in der Nähe von Kirchen, Bäumen und Quellen. Oft ist solche Ur-Energie an Orten spürbar, die (vordergründig!) recht idyllisch, »romantisch« wirken. So wie auf dieser kleinen Insel, zu der nur eine schmale Brücke »über das Wasser« führt.
Hier sind Sie im Zentrum der Energie. Verbinden Sie sich mit ihr, und wundern Sie sich auch nicht über das Salomonische Siegel am oberen südlichen Tor der kleinen Kapelle. Es befindet sich an der höchsten Stelle des Rundhügels im magischen Kreis des Wassers.

Meditieren, beten, staunen Sie, und ruhen Sie sich aus bei einem der zahlreichen Heiligtümer, die aufgestellt sind.
Denken Sie daran, was Gedanken bewirken, die in solch wasserumfriedeten Naturtempeln gedacht werden: »Wie materielle Körper sich beim Fallen entsprechend dem Gesetz der Schwerkraft verhalten, so besteht bei den Gedanken eine Anziehungskraft für das, was ihnen ähnlich ist: Sie suchen, sich diese einzuverleiben.«[1]

Naturtempel von heilender Strahlkraft – Die Chrysanti-Quelle in Bad Birnbach und der Quelltempel

In Niederbayern, zwischen Pfarrkirchen und Pocking, unweit der Nachbar-Kurorte Griesbach und Füssing, aber auch nicht allzuweit entfernt vom »Kernpunkt« des »Wunders in Bayern«, nämlich von Altötting, da findet sich das ländliche und trotz des Kurbetriebes allzeit stille und beschauliche Bad Birnbach. Der Ort im Rottal ist weithin bekannt für sein Heil- und Thermalbad; das schwefelhaltige Wasser mit der besonderen Hydrostatik aus der Urtiefe des niederbayerischen Bodens heilt seit Jahrzehnten Menschen, vor allem solche, die an Erkrankungen des Bewegungsapparates leiden. Wer es allerdings ausprobiert, der merkt bald auch die berauschende Wirkung des Bades und wird gewahr, wie stark das Wasser auf Geist und Seele einwirkt.
Die Quelle ist eben auch Quell der Inspiration und des schöpferischen Denkens.
Weniger im Bewußtsein der zahlreichen zufriedenen Kurgäste ist freilich die schier unglaubliche spirituelle Urkraft des Ortes, vor allem aber des »aufgeladenen« Bereiches um die Quelle selbst. Dieser imponierende Naturtempel wurde von Wissenden und Eingeweihten wegen dieser Urkraft bewußt als architektonischer Tempelbezirk geplant und verwirklicht.

Feuer – Wasser – Luft – Erde: Der Wundersuchende, der sich aufmerksam dem Quelltempel nähert, spürt von weitem schon dessen

[1] Masaharu Taniguchi: »Die geistige Heilkraft in uns«, Freiburg i. Br. 1990, S. 63

besondere und im wahrsten Sinn des Wortes »anziehende« Strahlung und Aus-Strahlung.

Der Quelltempel steht »im Licht«, er wird außen von zwanzig Säulen umlaufen, die ein Quadrat beschreiben; diese hellblaue Säulengalerie wiederholt sich innerhalb des ersten Quadrats, diesmal zeichnen die Strebepfeiler die Zahl Zwölf auf den Boden. Das ist sicher kein Zufall, sondern eher eine Botschaft, denn in der Zahl Zwölf steckt die Drei – viermal.

Das Dreieck innerhalb des Vierecks gibt diese »einbeschriebene« Drei wieder: drei steinerne Löwen nämlich lagern um die Quelle herum, die Quelle selbst ist wiederum als rundes Marmorbecken, also als Kreis, dem Dreieck der wachenden Steinlöwen einbeschrieben. »... von Löwen werde ich bewacht/doch einst, in einer Sommernacht/fand man mich an dieser Stelle/und nannte mich Chrysanti-Quelle ...«, lautet ein Text an der Quelle, die 1973 entdeckt wurde.

Kreis, Dreieck, Viereck – und heißer Schwefeldampf, der zum Himmel steigt. Ein Gebet, gerichtet an die Naturkraft der Erde, architektonisch eingebunden in die uralte Symbolsprache der Mysterienbünde.

Übrigens ist ein hervorgehobener Eingang in den Tempel von Südosten her vorgesehen. Es ist die Richtung, aus der zur meisten Zeit des Tages die Sonne scheint und ihre Strahlen schickt. Wer inmitten der blauen Säulen sitzt, den aufsteigenden Dampf beobachtet, zur Dämmerstunde den Quellgeistern dankt und natürlich an den denkt, der Luft und Wasser in der Stunde der Schöpfung voneinander schied, dem wird klar:

Das Wunder ist »natürlicher« als sein Ruf, es ist wie die Natur selber Gott-gewollt.

Die Wunder der Heilung, wie sie im Umkreis dieser Chrysanti-Quelle geschahen und geschehen, sind ungezählt. Freilich läßt sich vieles auch medizinisch-physikalisch erklären: Die Auslauftemperatur der Chrysanti-Quelle (wie auch der benachbarten Konradsquelle) beträgt je nach Entnahmemenge bis zu 70 C. Wer die Finger in das Marmorrund der Quelle hält, schreckt wegen der hohen Temperatur gleich zurück; trotzdem fällt auf, wie »weich« das Wasser ist. Der Geruch berauscht, vitalisiert, macht sinnlich.

Es handelt sich um eine »fluoridhaltige Natrium-Hydrogenkarbo-

Chrysanti-Quelle in Birnbach, ein Quell- und Naturtempel von großer spiritueller Kraft und Schwingung

nat-Chlorid-Therme«, die dank der hohen Wassertemperatur zu den wärmsten Thermalquellen Mitteleuropas zählt.
Die offizielle Schrift über Ort, Geschichte und Quelle weiß zu berichten:
»Wesentliche Faktoren der Heilwirkung sind auf die thermischen Effekte und die Wirkung des Bades an sich zurückzuführen ... Die Druckwirkung des Wassers (hydrostatischer Druck) begünstigt die Kreislaufverhältnisse bei Venenerkrankungen.«[1]
So weit die Medizin. Das wirkliche »Wunder« aber wartet im Quelltempel, im Naturtempel des entspringenden Heil-Wassers! Wer dies Wunder sucht, der muß hingehen zum Tempel und meditieren – und abwarten.

[1] »Bad Birnbach/Das ländliche Bad«, hrsg. v. d. Kurverwaltung, Passau 1995, S. 10f.

Die Hügelgräber in der Nähe von Bad Birnbach – Kraftorte von ungewöhlicher Ausstrahlung

Von Bad Birnbach ist es gar nicht weit nach Aunham, dem kleinen Ort mit sehenswertem Kirchlein, dessen Hochaltar der »Heilige ohne Kopf« ziert. Die Besichtigung des Kleinods ist mit einem Abenteuer des Findens verbunden, denn die selten besuchte Kirche bleibt stets zugesperrt.
Wer aber des überdimensionalen Schlüssels habhaft werden kann (Nachbarhaus, zweimal läuten!), der darf sich dann selber die Tür aufsperren und die nahezu okkulte Stimmung in dem verlassenen und etwas düsteren Sakralraum spüren. Eine bessere Einstimmung zu der nun folgenden Wanderung hin zu den Hügelgräbern ist wohl kaum denkbar!

Sie treten aus der Kirche heraus, überqueren die Straße und gehen auf den deutlich sichtbar ausgeschilderten »Wanderweg 7«. Der Pfad führt über ein ansteigendes weites Feld hügelan nordwärts, dann erreicht der Wanderer den hochgelegenen Waldrand und befindet sich auf respektabler Anhöhe. Beim Zurückschauen öffnet sich der Blick über Bad Birnbach mit dem typischen Kirchturm, und Sie haben eine wunderbare Aussicht über das gesamte Rottal. Schon hier umfängt den Suchenden eine gar eigenartige Stimmung, es ist dieses typische »Dazwischen«, wie es oft nur an Waldrändern spürbar und erlebbar wird. Der Autor begegnete dort beim Innehalten einem Frettchen, das eine erbeutete tote Maus in den scharfen Zähnen hielt. Merkte das scheue und vorsichtige Tier die Gesinnung des Menschen, der ihm begegnete, die Bereitschaft, Stille zu »hören«?

Schon zeigt ein Wegweiser nach rechts: »Zu den Hügelgräbern«. Der Schritt dorthin gerät – wohl durch die Macht des Unterbewußtseins – zu einem erwartungsvollen Schreiten. Die Vögel singen ganz anders, und Laute sind vernehmbar, die der Wald sonst nicht kennt.
Und das Licht! Zu jeder der vier Jahreszeiten fällt das Licht hier in mystischer, heller, lockender und mit Magie durchwobener Art durch die hohen Baumstämme, mehr als dies in vergleichbaren

Waldstücken geschieht. Das Licht »erscheint« hier tatsächlich strahlender.
Die Hügel sind bald gefunden: runde, kratergleiche und etwa haushohe Erhebungen, die der bemooste und nadelgepolsterte Waldboden hervorbringt. Eine jede dieser kleinen Anhöhen besitzt oben einen »Kraterrand«, das heißt, die Oberkante des Hügels ist ein begehbarer Ring, der nach innen abfällt und eine Höhlung freigibt.
Und ein jeder dieser magischen Ringe ist in gleichmäßigen Abständen von geraden und gesunden Bäumen bewachsen. Zumeist handelt es sich dabei um Fichten.
Der Wissende schmunzelt: Kreis, Ring, Wurzelwerk, Erdung und ein hoch aufwachsender Naturdom! Der Blick nach oben zeigt die Kuppelhalle der Schöpfung, den Weiheplatz des Lichts.
Und siehe da: Die Verbindung der »kraftvollsten« Hügel (das ist bei einiger Übung erspürbar, das Kribbeln an den Fußsohlen nimmt hier stets zu; außerdem liegen diese besonderen Hügel in Sichtweite zueinander), diese gedachte Linie also ergibt ein Dreieck. Kreis und Dreieck, wie sie uns schon innerhalb des kleinen Quelltempels in Birnbach begegnet sind.
Der Höhepunkt dieser Exkursion zu den Hügelgräbern wird die Meditation auf der westlichsten der Gedenkstätten sein, bei Schrägstand der Sonne, kurz vor ihrem Untergang.
Diese Grabanlage längst dahingegangener Kelten ist wohl die beeindruckendste Erscheinungsform eines Naturtempels und Kraftortes.
Um deren »Strahlung« zu empfangen, ist es nur notwendig, die alte Kultur und alles, was ihr heilig war, zu respektieren.
Denn wer hier begraben liegt, der wurde so bestattet, daß sein Geist weiterwirkt bei denen, die den Ort aufsuchen und dessen Heiligkeit zu schätzen wissen.
Was macht wohl die Kraft dieses Bodens aus? Quellen vielleicht, die unterirdisch wirken, das Heilwasser des nahe gelegenen Bades. Ganz sicherlich aber die Kreuzung geomantischer Linien, die als ein feines Netz die Erde durchziehen.
Wer auf diesen Hügeln steht, der spürt »es«. Und es gibt wohl kaum einen Besucher, der hierherkommt, ohne »innerlich aufgeladen« zu werden.
Der Ort weiß das. Er schätzt durchaus das ehrliche Interesse des Besuchers, dessen Hingabe und Ehrfurcht vor früheren Glaubens-

formen. Im Verborgenen offenbart sich hier das Sichtbare, aber eben nur für den, der *bereit* ist, die Schwingungsharmonie des Kosmos zu erspüren und das allgegenwärtige Raunen der Schöpfung und des Schöpfungsgedankens zu vernehmen.

Allerdings sollte man dazu auch in Betracht ziehen, daß so ein Grabhügel eine »bioenergetische Zone« höchsten Ausmaßes darstellt: ein faszinierender Ort der Kraft, niemals aber der Ruhe und Entspannung.

David Luczyn schreibt dazu:

> »Jeder, der einmal zufällig oder bewußt an so einem Platz gestanden hat, weiß oder ahnt, was er bewirkt. Man fühlt sich erhoben, aufgeladen, zentriert, wird ruhig und klar oder spürt sogar ein Kribbeln oder Ziehen. Hellsichtige Menschen beobachten eine Vergrößerung der Aura.«[1]

Die Hügelgräber in dem Wald nördlich von Bad Birnbach sind solch ein Ort der Aufladung.

Ein Gnadenbild hängt sich selber an seinen ursprünglichen Ort zurück – Wunder im Lamer Winkel im Bayerischen Wald

Über Deggendorf, Viechtach und Kötzting führt die Straße, immer nördlich, später Richtung Osten, nach Lam.

Tief »hinten im Wald« gelegen und direkt am Fuß des Großen Osser, um den sich übrigens schaurige Sagen ranken[2], ist der »Lamer Winkel« doch überraschend lieblich mit seiner geschwungenen und dennoch recht archaischen Landschaftslinie. Der Weg des Pilgers führt, in Lam beginnend, über »Himmelreich« (das heißt tatsächlich so) und einen sehr urtümlichen Bergwald-Kreuzweg zwischen rauhwüchsiger Bewaldung und magisch glimmernden Gesteinen hoch – direkt zu einem Wunderort Mariens.

1 David Luczyn, a.a.O., S. 13

2 Kurt Sanetra: »Von Riesen, Hexen und Geistern«, hrsg. v. Luftkurort Lam (ohne nähere Angaben)

Der Weg dorthin lohnt sich wahrlich! Nicht nur, daß mit jedem Schritt dem spirituellen Ziel entgegen die Bodenschwingung deutlich zunimmt und die Kraft des Heiligen »ansteigend« spürbar und erfahrbar wird – dieser Weg ist ein »Kreuzweg« im eigentlichen Sinn, denn die kleine Anstrengung des Aufstiegs und das berauschende Erleben der eindrucksvollen und unmittelbaren Natur, all das läßt die Stationen des Leidens Christi noch direkter in Herz und Seele dringen. Ein idealer Seelen-Lehrpfad für den Karfreitag!
Hans Endres schreibt über das spirituelle Erleben, das einem jeden Aufstieg innewohnen kann:
»... es ist eben der gleichnishafte Nachvollzug des innerlichen Erlebens und Strebens, der ›Höhenweg‹, der ›steile Pfad‹, der über die ›Niederungen‹ des Alltags hinausführt und die fortschreitende ›Erhebung‹ über alles Beschwerende ermöglicht, indem man es in unermüdlichem, zielbewußtem ›Steigen‹ immer weiter hinter sich läßt, bis man schließlich das unvermeidlich eindrucksvolle ›Gipfelerlebnis‹ erfahren darf.«[1]
Wer dann diesen »Aufstieg« geschafft hat, der befindet sich, auf halber Höhe des Osser, vor der Gnadenkapelle Mariahilf. Ein Ort, der spürbar mit einer großen Erd-»Kraft« aufgeladen ist.
Kein Wunder, denn mit diesem Fleckchen Erde, wo schon viele Wunder geschehen sind, und mit dem Marienkirchlein hat es eine ganz besondere Bewandtnis!
Vor vielen hundert Jahren ging ein Holzfäller von Lam aus in die Osserwälder.
Wer den Weg selber gegangen ist und den urwüchsigen Wald mit den wuchtigen Granitblöcken zwischen den hohen Baumstämmen erlebt hat, der kann sich gut vorstellen, daß in solch magischer Umgebung Wunder geschehen können.
So war es dann auch.
Mitten im rauhen Gebirgswald hing das Bild der Gottesmutter an einem Baum. Allerdings hat damals kein Mensch außer dem Holzfäller diesen Wald betreten. Der fromme Mann, der aufnahmebereit war für alles Übersinnliche, stieg den Berg wieder hinunter und erzählte das, was er gesehen hatte, dem Pfarrer.

[1] Hans Endres: »Das spirituelle Menschenbild«, München 1988, S. 244

Der kraxelte selber hoch bis zu dem Gnadenbild und beschloß, es ehrenhalber in die Johanneskapelle zu hängen, die damals schon stand. Heute noch ist sie zu sehen.
Am nächsten Tag wollte der Holzfäller vor dem Bild in der Kapelle beten, aber – es war nicht mehr da. Denn die Gottesmutter hing wieder dort, wo er sie gefunden hatte. An dem rauhen Baumstamm mitten im Wald.
Der Pfarrer reagierte eigensinnig und hängte die bemalte Tafel wieder in die Kapelle zurück. Doch am Tag darauf war die Maria wieder weg, zurückgekehrt an »ihren« Baum. Daraufhin erkannten die Lamer Bürger (nicht der Pfarrer!) den Fingerzeig Gottes. Man sah in den Vorkommnissen ein Wunder und begann, eine eigene Marienkapelle für das Gnadenbild auf dem Berg zu errichten.
Wenn das Gute sich Raum schafft, ist die »Gegenkraft« oft nicht mehr weit. Sie kam in Gestalt eines finsteren Gesellen, den, als er das wunderschöne Bild der Gottesmutter da am Baum hängen sah, ein unbändiger Zorn ergriff über deren Anmut und Demut.
Er packte den schweren harten Brotlaib, den er bei sich trug als Wegzehrung, und schleuderte die Gottesgabe frevelhaft gegen das Heiligenbild.
Das Bild sprang mitten entzwei. Den Sprung kann heute noch sehen, wer das Bild in der Kapelle genau anschaut.
Nach dieser abscheulichen Tat zog sogleich ein fürchterliches Unwetter über dem Osser hoch. Blitze flammten auf und schlugen in den Boden, der Donner grollte und steigerte sich zu einem Mark und Bein erschütternden Krachen; eiergroße Hagelschloßen droschen auf Bäume, Gestein und Erde. Da bereute der Mann seine Tat.
Und »wie vom Blitz getroffen«, krempelte der Geselle sein Leben um. Er ward vom Licht erfüllt und sammelte selber die Steine auf, um an dem Bau der neuen Marienkapelle Hand anzulegen. Ganz alleine vollendete er schließlich das Werk zu Ehren der Gottesmutter.
Und das wundersame Votivbild fand darin seinen würdigen Platz. Viele Wunder sind bezeugt, die dort geschahen.
Allerdings dürfte die Wunder-Kraft des Ortes älter sein. Martha Sills-Fuchs weist in einem Buch über die Kelten und keltische Heiligtümer und Kultorte darauf hin, daß die archaischen, gewaltigen

Marienwunder inmitten keltischer Schalensteine an einem eindrucksvollen Ort mit starker Erdstrahlung: die Bergkapelle Mariahilf am Fuße des Osser

Granitblöcke im Bayerischen und Böhmerwald keltische Weihestätten waren: denn die Riesensteine haben oft eigenartige Vertiefungen, die an Schalen erinnern.[1] Man spricht hier von »Schalensteinen«.

Solche Schalensteine, wie sie in unmittelbarer Nähe der Mariahilfkapelle im Wald auftauchen, liegen immer auf Kraftfeldern. Der

[1] Martha Sills-Fuchs: »Wiederkehr der Kelten«, München 1986, S. 151 ff.

größte von ihnen, haushoch, ist zu jeder Tageszeit von einem weithin sichtbaren Strahlenkranz umgeben. Die Sonnenstrahlen scheinen sich in seiner Umgebung anders zu verhalten.
Diese ausgeprägt magischen Orte wurden, seit das Christentum sich Bahn schlug, geschickt vereinnahmt und schnellstens mit christlichem Erziehungsgut übertüncht.
»Unter dem Einfluß der Missionare wurden christliche Religionszeichen, Kreuze, Kapellen, Statuen auf oder neben den Schalensteinen errichtet, um ihnen die heidnische Bedeutung zu nehmen. Andererseits wurden sie von den Missionaren als Teufelssteine bezeichnet, um abschreckend zu wirken. Dort, wo man sie nicht aus dem Gedächtnis des Volkes entfernen konnte, wurden sie mit *christlichen Legenden* in Zusammenhang gebracht, meist mit einer *Marienlegende.*«[1]
Das Bergkirchlein Mariahilf unter dem Osser ist ein echter Wunderort. Wer hingeht, der kann über die Lichtspiele rings um die Kirche und um den Schalenstein in der Nähe nur staunen!

[1] Martha Sills-Fuchs, »Wiederkehr der Kelten«, München 1986, S. 152

Wunder schaffen Wirklichkeit

Vorüberlegung zur Wirklichkeit des Wunders

In diesem Kapitel geht es um das »Wunder an sich«, um ein vertrauensvolles Sich-Fallenlassen hinein ins Wunderbare.
Zweifel stärken zwar das Ego, festigen die Ich-zentrierte Intelligenz, das Wunder indes behält sich vor, im ganz positiven Sinne naiv zu sein. Das wahre Wunder kann – weil der Geist Gottes dabei mitspielt – getrost auf den menschlichen Geist verzichten. Und es kommt und geht, wann und wie Gott es will. So gesehen ist es nicht schlecht, sich vom Standpunkt des Kritikers aus dem Wunder zu nähern. Josef Hanauer hat ein wunderbar wunder-verwerfendes Buch geschrieben, das eine wahre Fundgrube für Zweifler ist.
Es hat den Titel: »Wunder oder Wundersucht?«[1]
Hierin wird der Autor nicht müde, Wundergläubige und Mystiker in die Nähe pathologischer Fälle zu rücken. Sogar eine Theresa von Avila.[2] Das Wunder-Szenario erscheint dann nur noch als ein belächelnswertes Panoptikum: »... Statuen bewegen sich in ihren Nischen; himmlische Gestalten schweben über Bäumen; der Teufel verfolgt nächtlicherweile fromme Seelen; neue Offenbarungen ... werden empfangen; Bilder weinen; Maria erscheint Kindern, denen sie Geheimnisse anvertraut, die sie nicht verraten dürfen; die Erscheinungen werden durch echte Wunder, namentlich durch Krankenheilungen, als echt bewiesen ...«[3]
Ist das wirklich alles? Wohl doch nicht. Denn das Wunder ist nicht nur Erscheinung, ist nicht nur Glaubenssache; sondern es ist und bleibt fühl- und spürbare Wirkungs-Sache.
Das Wunder *wirkt.* Es ist damit *Wirklichkeit.*

[1] Josef Hanauer: »Wunder oder Wundersucht?«, Aachen 1991
[2] ebenda, S. 195
[3] ebenda, S. 7

Die Prophezeiung des blühenden Mandelbaumes

Diese eigenartig sich in Bildern äußernde, aber erschreckend präzis zutreffende Prophezeiung »soll« von einem polnischen Benediktinermönch stammen.
Sie bleibt aber bis heute, was ihre Entstehung, Drucklegung und Herkunft betrifft, völlig im Dunkel des Geheimnisvollen. Dabei fällt auf, daß der Text, der keinen Schreiber nennt und weder Erscheinungsort noch Erscheinungsjahr hat, seit dem Jahre 1995 vermehrt auftaucht.
An mehreren Orten Bayerns war der Text zu finden und geriet in die Hände zumeist theologisch Interessierter. Keiner aber konnte hinterher sagen, *woher* die Schrift kam.
Auf Wegen, die der Autor selber nicht erklären kann, ist auch ihm die Flugschrift »zugespielt« worden. Genau rechtzeitig zur Arbeit an dem vorliegenden Buch.[1]
In dieser okkult visualisierenden Prophezeiung mit auffallend »dunklen« Bildern wurde unter anderem rechtzeitig das Ende des Zweiten Weltkriegs vorausgesagt:
»... zur Zeit, in welcher 1945 der Mandelbaum blüht ...«
Das bedeutete die Zeit zwischen April und Mai. Einigen hohen deutschen Regierungsstellen soll die Prophezeiung sogar bekannt gewesen sein. Der ganze Prophezeiungstext bezieht sich jedoch auf einen viel längeren Zeitraum. Jedes Jahr davon ist mit Symbolen gekennzeichnet, ähnlich wie in der Malachias-Weissagung über die Päpste. Und eines fällt auf: Viele dieser »vorausschauenden« Bilder sind in erschreckender Weise und mit verblüffender Genauigkeit hinterher eingetroffen.
Nun ein Auszug aus der Original-Schrift, welcher die Zeit nach dem Jahr 1900 betrifft:

> »Das Jahr 1900 läuft unter der Bezeichnung ›Blutiges Zepter‹: Humbert I., König von Italien, wurde in der Stadt Monza ermordert. Das

[1] Aus dem anschließenden Text »Sturmannshöhle« und der Schilderung des okkulten Kraftquells »Alatsee« geht hervor, daß das Auffinden der Prophezeiung mit dem düsteren Alatsee, dem »Trichter in die Hölle«, zusammenhängen könnte. Die unterirdischen Wasser des Allgäus verbergen mehr, als bislang »ans Licht« dringen durfte.

Jahr 1914 trägt die Bezeichnung: ›Blut im Blute‹ – der Erste Weltkrieg begann! 1929 wird mit ›Ruhm der Kirche‹ bezeichnet – Abschluß des Lateranvertrages zwischen Italien und dem Vatikan! 1939 wird mit ›Kreuzhagelschauer‹ symbolisiert. Der Zweite Weltkrieg begann!
1945 ›Tod des hakengekreuzten Löwen‹, der Selbstmord Hitlers! 1953: ›Tod des Drachen‹, Stalin tritt von der Weltbühne ab!
1963 wird charakterisiert mit der Bezeichnung ›Wörter auf dem Sande‹, es ist das Jahr der ergebnislosen Koexistenzverhandlung zwischen den USA und der UdSSR. 1964: ›Glanz des Mondes‹, die Eroberung des Erdsatelliten (sic! Nicht »Trabant«, sondern Satellit steht da!) tritt beherrschend in den Vordergrund! 1965 ›Sturm am Äquator‹, Kriege und Unruhen in Vietnam, der Dominikanischen Republik, in Indonesien, Singapur, Indien, Pakistan.
Deutungen können bei den Losungen der folgenden Jahre nur gewagt werden.«

Von dieser Stelle ab liefert die »Prophezeiung des blühenden Mandelbaumes« eine Chronologie der Jahre 1966 bis einschließlich 2000, also der Zeitspanne von den aufrührerischen und jede moralische Ordnung in Frage stellenden sechziger Jahren bis hinein in die Zukunft und die Zeitenwende.
Die Interpretation der dunklen Vergleiche sei dem aufmerksamen Leser anheimgestellt. Gelegentlich gibt der Verfasser einen Hinweis (in Klammern):

1966: »Blutiges Delirium«
1967: »Unbefleckter Zweikampf«
1968: »Feuer auf dem Schnee«
1969: »Grüne Hoffnung«
1970: »Friede des Ölbaumes«
1971: »Ruhm der Toten«
1972: »Triumph des Steuermannes«
1973: »Licht in der Nacht«
1974: »Sternenweg«
1975: »Kreuzsturm«
1976: »Liebe zum Mond«
1977: »Schwindel auf der Erde«
1978: »Verbotene Träume«
1979: »Judas Tod«
1980: »Rom ohne Petrus!« (Die Weissagung merkt an: Der Papst auf Weltreise)

1981: »Triumph der Arbeit«
1982: »Der neue Mensch«
1983: »Hosianna der Völker« (Die Weissagung merkt an: Heiliges Jahr)
1984: »Delirium im Weltraum«
1985: »Stimme des Antichrist«
1986: »Feuer aus dem Osten« (Die Weissagung merkt an: Tschernobyl)
1987: »Kreuze erfüllte Ebene«
1988: »Wahnsinn der Erde«
1989: »Der Menschen Erwartung«
1990: »Erscheinung am Himmel«
1991: »Erhellung der Nacht« (Man denke an die Bilder nächtlicher Präzisions-Raketenangriffe, die der Golfkrieg bot, und an die Fernsehübertragungen von in Brand gebombten Ölfeldern: Die Nacht erhellte sich.)
1992: »Abfall der Sterne«
1993: »Vernichtung des Menschen«
1994: »Geheul des wilden Tieres« (Der Okkultismus erreicht einen neuen Höhepunkt; die »Zahl des Tieres« 666, wie sie in der Apokalypse steht (Apk 13,18), ist bei vielen jungen Menschen »in Mode« gekommen.)
1995: »Schluchzen der Mutter« (Französische Atomtests im Mururoa-Atoll erschüttern die »Mutter« Erde)
1996: »Sintflut der Erde«
1997: »Tod des Mondes«
1999: »Der neue Petrus«

1996 war geprägt von besonders bösen Erdrutschen, sowohl in Spanien und in Italien als auch in den Alpen Bayerns. Der Sommer 96 blieb verregnet wie selten, das Wetter zeitigte katastrophale Auswirkungen. »Sintflut der Erde«: In Spanien rissen Schlammassen einen Campingplatz in Tod und Verderben.
1997: »Tod des Mondes«: Die Kommerzialisierung des Erdtrabanden (Mondbuch-Boom) erreicht einen neuen Höhepunkt, gleichzeitig entdecken die Bewohner Bayerns die »Kraft des Wunders« neu.
1999: »Der neue Petrus«: Entscheidende Wendung in Rom. Kardinal Ratzinger tritt ab (s. a. Süddeutsche Zeitung vom 14.9.1996). –

Und der Papst? Auf die Ereignisse des Jahres vor der Jahrtausendwende darf man gespannt sein.
Wer über diesen drei Jahreszahlen meditierend sich vertieft, wird ihren Sinn erfassen. In visionärer Schau läßt sich »sehen«, was die Prophezeiung sagt. Beruhigend hingegen die Prophezeiung für das Jahr 2000:
»Triumph des Ölbaumes«
Ein Hoffnungsschimmer? Gemeint sein könnte das Erlösungswerk Christi, aber auch dessen »Sich-Fügen« im Ölhain.
Vielleicht gibt die Exkursion zu zwei mit Wassermagie verbundenen Naturtempeln im Allgäu Auskunft (wiewohl diese bis weit über das Jahr 2000 hinweg versiegelt bleiben werden!), die wir auf den folgenden Seiten unternehmen wollen.

Weist die Sturmannshöhle im Allgäu den Weg zur Deutung der Prophezeiung?

Von Kempten über Sonthofen führt die B 19 nach Oberstdorf. Kurz vorher zweigen wir rechts ab nach Tiefenbach.
Der Suchende wird den Weg zum »Hirschsprung« erfragen, wo dann der Pfad, hindurch zwischen drohenden Felswänden, links hoch führt Richtung »Sturmannshöhle«. Auf halbem Weg ein Tempelwächter, ein Monolith nämlich, der den Steg über einen Gebirgsbach hinweg bewacht.
Wenn der Wanderer dem Lauf des Wassers bergaufwärts folgt, ergibt sich ein Lichtspiel, das einem Gralstempel anstünde.
Die besondere Höhle ist nur im Sommer geöffnet. Das hat seinen Grund, denn der Besucher gelangt in Untiefen, die zur Winterzeit oder zur Zeit der Schneeschmelze meterhoch überflutet sind.
Wer für »Okkultes« und wahrhaft Wundersames aufgeschlossen ist, der möge sich in acht nehmen. Hier nämlich öffnet sich ein Abgrund aus mehr als 600 000 Jahre alten Gesteinsformationen. Das Wasser tost hier und speist Unter-Seen mit einer solchen Quell-Geister-Kraft, daß der Besuchende erschauert.
Wahrlich, diese Höhle und der tiefste Punkt, ein See, dessen eigene Tiefe unerforscht ist, sind ein echter Naturtempel, ein »Siegel« zum Begreifen der Zeichen, die ins Jahr 2000 führen könnten.

Der Höhlensee: Ein Tempel der Finsternis und der Ahnungen; 1904 entdeckt, bis heute nicht ausgelotet

Der Landschaftsführer erklärt: »Um die Entstehung der Sturmannshöhle zu verstehen, ist es notwendig, weit in die Erdgeschichte zurückzugehen, und zwar in die Kreidezeit vor etwa 120 Millionen Jahren, als die Gesteine entstanden, die die Höhle umgeben.« (Sturmannshöhle, hrsg. v. d. Gemeinde Obermaiselstein, S. 3)
Und weiter:
»Sicher kommt der ursprüngliche Name ›Sturmatzloch‹ vermutlich aus dem Mittelhochdeutschen. Das Wort ›Sturmatz‹ bedeutet ›Lärm, Getöse‹, wohl eine Anspielung auf den im Höhlenhintergrund rauschenden Bach, der mit viel Getöse im Bergsiphon verschwindet ...« (ebenda, S. 4)

Sintflut der Erde:
Wer hier weilt, dem wird die »Prophezeiung des Mandelbaums« plötzlich klar. Nur: Hingehen und hinhören muß jeder selber! Einen letzten Schlüssel liefert vielleicht der unheimliche, geheimnisvolle und dennoch zauberhafte Alatsee bei Hohenschwangau, der mit sämtlichen Mächten der Unterwelt verbunden scheint.

Weist der Alatsee im Allgäu den Weg zur Prophezeiung?

Es gibt in ganz Bayern keine monumentalere Kraftquelle, keinen Ort, über und unter dem sich kosmische Energie so gefährlich und spürbar bündelt wie beim Alatsee. Etwa zehn Kilometer westlich von Füssen, unweit vom Weißensee, liegt dieser Urtrichter des Weltgeschehens hoch oben, und er ist bezeichnenderweise nur über »Schlangen«-Linien, über Serpentinen, erreichbar!

Kraftorte waren von jeher zur Durchführung heiliger Handlungen geeignet, und wer geistig-spirituelle Energie sucht – vor allem auch Hinweise auf die »Prophezeiung des Mandelbaumes« –, der ist hier immer richtig.
Denn einem Gerücht zufolge ist diese geheimnisvolle Prophezeiung, die vielleicht sogar mit dem Versenken des Nazi-Schatzes zusammenhängen könnte, eben hier, an den stillen Wassern des Alatsees »aufgetaucht«.
Der See selber ist ein Trichter, der hinunter ins unendliche Nichts zu gehen scheint. Klareres Gewässer gibt es nirgendwo, und das durchscheinende Wasser der Uferregion, das helle Steine und magische Zeichen am Rand umhüllt – es stürzt jäh nach innen ab –, zeigt deutlich sichtbar einen Schlund, der erst smaragd-, dann dunkelgrün, schließlich schwarz wird.
Man muß sich den See als einen Trichter vorstellen, der nach unten zu immer enger wird, aber schier kein Ende findet zu den Untiefen der Erde hin.
Überall am Rand des Sees warnen Verbotsschilder: »Gerätetauchen verboten!« Das hat seinen guten Grund, denn von den Gerätetauchern ist selten einer wiedergekommen.

Die Sagen der Jahrhunderte spiegeln ein Geheimnis wider: So sollen vor Urzeiten drei verwunschene Frauen mit ihren Lockungen und ihrem sündhaften Gebaren drei rechtschaffene, aber nicht standhafte Ritter in die Tiefe gelockt haben. Jeder Erlösungsversuch für die Verdammten scheiterte bis jetzt. Heute noch seien bisweilen die Stimmen der Hinabgezogenen zu hören, wie sie um Hilfe flehen.
Den Bezug zur Sturmannshöhle ergibt eine weitere Sage, derzufolge ein unterirdischer Gang des Sees zur verwunschenen Burg *Falkenstein* führen soll.
Eine ganz andere Sage aber könnte der »Schlüssel« zur Prophezeiung sein:
Auf der Burg Falkenstein (ganz in der Nähe) muß sich die Eingangspforte einer Höhle befunden haben, die unermeßliche Schätze barg. Ein Einsiedler (ist es vielleicht der unbekannte Mönch der Prophezeiung?) bewohnte die Höhle und beschützte diese auch.
Es durfte übrigens ein jeder eintreten, der hierherfand, die Bedingung aber war: Der suchende Fremde durfte immer nur mitnehmen, was er tatsächlich auch für sein Leben und Glück brauchen konnte!
Wer zuviel mitnahm (und das tat jeder, denn solche Schätze forderten die Begierde heraus!), wurde für immer dort eingeschlossen.
Ist das nicht der Zustand unserer Welt?
Ganz unten, in der tiefsten Mitte des Sees, speisen warme Schwefelquellen das »an der Oberfläche« so klare Wasser, das dort unten schwefelig und dunkeltrüb sein soll. Rührt daher vielleicht der Tod der vielen Taucher und Froschmänner?
Um den See herum »runden« vierzehn Quellen das rechtsdrehende Strudelgewässer ab. An der Oberfläche jedoch bleibt das Wasser still und ruhig. Schwimmen ist erlaubt – nur etwas unheimlich, wenn man um die Dinge »im Untergrund« weiß!
Auch der legendäre Schatz der Nazis soll hier versenkt sein; Tatsache ist, daß die Machthaber des Dritten Reiches hier waren. Jährliche Funde mittels strengstens gesicherter Tauchversuche an der Leine bestätigen dies. Das Tauchen ist jedoch zu gefährlich, um dieser Sache richtig auf den Grund zu gehen. Sicher wußten das auch diejenigen, die womöglich Schätze verschwinden lassen wollten. Für immer ...

Der Alatsee und die von der Natur geschaffene Wiesenfläche, die ein Dreieck beschreibt

Auf der dem Gasthof mit der Herberge gegenüberliegenden Seite findet sich eine naturbedingte dreieckige Wiese, die, am Ufer des Sees beginnend, nach oben hin spitz zuläuft. Jener grasgrünen Dreiecksfläche ist – auffälligerweise – ein Kreis einbeschrieben, ein Naturgraben in Ringform. Wer sich intensiv mit Kraftfeldern in »Naturtempeln« beschäftigt, wird sich einen Reim darauf machen. Wahrhaft, der Alatsee könnte für jenen Zeitgenossen, der »sehen« kann, ein Schlüssel zur Prophezeiung des Jahres 2000 sein. Doch Vorsicht! Die Gegend macht schwindelig!

Der heilige Antonius und München

Das »Lehel« wird von zwei Kirchen geprägt, die beide die heilige Anna im Namen tragen. Beherrscht den »St.-Anna-Platz« die wuchtige, romantisierende rheinische Architekturphantasie des

Gabriel von Seidl, eine grausteinerne Gottesburg mit zeittypischen historisierenden Raumsummanden, so nimmt sich die direkt gegenüberliegende St.-Anna-Klosterkirche eher bescheiden aus.
Aber welch ein Rokokojuwel öffnet sich dem suchenden Betrachter, der ins Innere tritt! Berühmte Namen wie Fischer und Asam haben sich hier raumbildend eingeschrieben. Neben dem Deckenfresko C.D. Asams fällt dem Verweilenden bald der rechter Hand stehende »Antonius« auf.
Welche Überraschung! Der fromme Barfüßler hat mehr mit München zu tun, als man vermuten mag, soll er doch angeblich schon zu Lebzeiten des heiligen Franz von Assisi einmal die Stadt besucht haben. Nun denn, auch wenn die Behauptung auf einem handgeschriebenen Zettel im Klostergang nicht ganz zuträfe: ein Oberarmknochen des großen, liebenswerten Asketen »Antonius« ist jedenfalls noch da ...

»Heilig sein« kommt von »heil sein«. Das ganz große Heil, das dann eben geradewegs zur Heiligkeit hinführt, es zeigt sich gar oft in kleinen Dingen, recht kleinen sogar. Und eine heile Welt, das ist immer diejenige Welt, der noch etwas heilig ist.
Und die Heiligen, das sind die Heils-Vermittler zwischen Himmel und Erde, die fast allesamt wegen ihrer anstrengenden Heilstätigkeit oft ein Erdenleben voller Plage haben führen müssen.
In vielen Kirchen findet sich, irgendwo versteckt an einer Säule, in dunkler Nische oder aber in der Nähe der Opferschreine, die Figur des liebenswürdigsten Heiligen. Trägt er doch ein »Wutzerl« auf dem Arm, gilt deshalb als Beschützer der Kinder, muß sich viele Sorgen, Bitten und Anliegen geplagter Eltern anhören und kassiert brav und stumm die Opferzehnerl zu seinen Füßen. Es ist der »heilige Antonius«.
Ein ganz besonderer Antonius erfreut den sinnenden Betrachter in der Klosterkirche St. Anna im Lehel. Diese Statue steht auf der Jahreszahl 1682; viel wichtiger als dieses Datum aus der Zeit des Kurfürsten Max Emanuel ist jedoch das »deutende« Kind, das ganz besonders viel Vertrauen zu haben scheint. Hält es sich doch mit dem einen Händchen an der Kapuze des Heiligen fest, mit dem rechten Zeigefinger indes weist das Buberl auf des Antonius Herz. Hier,

In mancher Not schon hat Antonius geholfen ... auf der ganzen Welt. Warum sollte er da in München eine Ausnahme machen?

kostbar gerahmt, wird ein Original-Splitter aus dem Oberarmknochen des liebenswerten Beters aufbewahrt.
Es wird berichtet, Kaiser Ludwig der Bayer habe die Reliquie 1330 persönlich aus Padua nach München gebracht und sie hierorts den Franziskanern zum Geschenk gemacht.
1327 hatte in München eine der größten Brandkatastrophen der gesamten Geschichte gewütet. Ein Drittel aller Bauwerke, darunter das Angerkloster, der Alte Hof, die Peterskirche und das Heiliggeistspital, ist Raub der Flammen geworden.

Da wird den Münchnern die heil-bringende Reliquie sicherlich gutgetan haben. Der Papst übrigens hat diesen Ludwig, Sohn Ludwigs des Strengen, gar nicht für so fromm gehalten: ebenfalls im Jahre 1327 spricht nämlich Papst Johannes XXII. dem »König Ludwig dem Bayern« vor einem Ketzergericht in Avignon das Herzogtum Bayern ab und nennt ihn bei dieser unschönen Gelegenheit verächtlich »den Bayern«. Dieser Titel bleibt unserem Ludwig und ist dann gar nicht mehr verächtlich gemeint.
Ein Jahr später, 1328, wird Ludwig der Bayer allerdings in Rom zum Kaiser gekrönt. Ob seine Münchner Initiative und die Stiftung der Antonius-Reliquie wohl damit zusammenhängen?
Im Jahre 1330 hat die Residenzstadt München den Sankt Antonius zum Schutzpatron der Stadt erhoben. Arme und Reiche sind zu ihm gekommen und haben an der Statue ihre Sorgen vorgetragen.
Seit über 400 Jahren ist nun aber St. Benno der Patron der Stadt, und über den Antonius ist kaum noch etwas in den Köpfen der Münchner lebendig.
Benno war Kanoniker in Goslar und 1066 Bischof von Meißen. Er hat viel für die »Christianisierung des Ostens« getan. Heute ruht er in der Bennokapelle der Frauenkirche.
Zurück zum heiligen Antonius. Der Kinderfreund aus Padua hat hier an der Isar tatsächlich viel Verehrung gefunden. Ein alter Stich zeigt ihn, zusammen mit der Stadtansicht, als Patron und als Beschützer dieser schönen Stadt.
Aber warum ist gerade der Antonius den damaligen Münchnern so ans Herz gewachsen?
Vielleicht wegen seiner Tierliebe, die ja auch den heiligen Franziskus so sehr hervorgehoben hat! Der heilige Antonius soll ein Eselswunder erlebt haben: Fand doch der wortreiche Franziskaner einen Esel, der gescheiter war als all die damaligen Gelehrten. Und dieser »Esel« war so einfältig und damit wiederum so klug, daß er lieber dem Prediger zuhören wollte als dem Geschwätz der sogenannten Gelehrten. Auch den Fischen hat Antonius gepredigt, ob's allerdings Isarfische waren, das steht in keinem Buch.
Fest steht jedenfalls, daß sich schon zu Lebzeiten des großen Franz ein so bedeutender Franziskaner in München aufgehalten hat, und das spricht für den »Weltgeist«, der damals sicherlich noch im Glauben gefestigt war.

Im Münchner Vorweihnachtswahnsinn tut es richtig gut, zum heiligen Antonius zu gehen, der ja trotz des Armutsideals alles andere als »arm« ist. Trägt er doch das Christuskind auf dem Arm.
Franz von Assisi, der von 1182 bis 1226 lebte, hat mit seiner kraftvollen Spiritualität und seiner provozierenden irdischen Besitzlosigkeit die Welt zu verändern versucht.
Das heutige München lebt nun nicht gerade in franziskanischer Nachfolge. Und so tut ein Gang hin zum heiligen Antonius allemal gut.
Ist er doch auch der »Heilige der G'schlamperten«, das heißt, er hilft beim Finden. So mancher, der seinen Geldbeutel verloren hat, der findet schließlich nicht nur sich selber wieder und seine Seele, sondern, weil er eben wieder »bei sich« ist und klar denken kann, obendrein noch seine sieben Sachen.

Wunder am Altar mit der Antonius-Reliquie

Nachdem wir nun über den heiligen Antonius nachgedacht haben und über die Franziskaner in München, gehen wir einfach hin!
Das ist nämlich wichtig: Hingehen zum Heiligtum. Und siehe da: Die Oberarmreliquie des Heiligen mit der Kapuze, die gefaßt ist in einem gotischen Reliquiar und die in einem barocken Reliquienschrein ausgestellt wird, sie leuchtet!

Sie leuchtet wirklich, gehen Sie nur hin, und schauen Sie es sich an. Man kann den Schrein lange prüfen und ganz genau kontrollieren, ob denn nicht doch ein elektrisches oder sonstiges Licht dabei ist. Aber der Original-Oberarmknochen, der übrigens so aussieht, als wäre er aus überirdisch feinem durchsichtigem Quarz in der Werkstatt eines göttlichen Handwerkers gefertigt worden, der leuchtet so sehr, daß der gesamte Reliquienschrein erfüllt ist – vom Glanze des »Heiligen«.
Jetzt haben wir die Gewißheit: Echte Heilige strahlen mit allem, was an ihnen dran ist, denn sie haben durch ihr geläutertes Leben eine viel feinere Schwingungsfrequenz als vergleichbare Lebewesen.

Jede spirituelle Verfeinerung ist mit der Erhöhung der Schwingungszahl verbunden. Irgendwann bewegt sich dann alles auf der Ebene von Licht-Energie. Und die Geschichten und Legenden vom »Heiligenschein« sind alles andere als aus der Luft gegriffen.
Folgender Text findet sich in einer liebevoll gestalteten Erläuterungsschrift der Franziskaner, die am Altar des heiligen Antonius zur Information aufliegt:

> »Aus Dankbarkeit für ihre Treue in schwerer Zeit hat Kaiser Ludwig der Bayer 1330 den Franziskanern in München den Oberarm des heiligen Antonius von Padua zum Geschenk gemacht. Die Reliquie wurde in der Residenzstadt hoch verehrt. In der unheilvollen Kriegs- und Pestzeit eingemauert, wurde der ›kostbare Schatz‹ 1390 wieder aufgefunden. 1394 stellte Bischof Heinrich von Freising eine Urkunde über die Echtheit der Reliquie aus und verlieh damit allen Verehrern zahlreiche Ablässe.«

Immerhin, es handelt sich bei dem Stück Oberarm des heiligen Antonius um die bedeutendste Reliquie dieses großen Mannes der Religionsgeschichte, der auf so unglaubliche Weise den Versuchungen widerstehen konnte.
Franziskaner und München, eine »Beziehung«, die schon zu Lebzeiten des Franziskus begann! Denn bereits im Jahre 1221 erschien der erste Franziskanerbruder, er hieß Castinus, in der Isarstadt. 1226 starb dann der heilige Franziskus, arm und verbittert über den damals schon immensen Reichtum seines Bettelordens. Und im Jahre 1230 entstand mit St. Jakob am Anger die erste Niederlassung der Franziskaner in München.
Eine der lieblichen Bildtafeln am Antoniusaltar erzählt uns, wie groß die Verehrung des Heiligen durch die Bevölkerung Münchens gewesen sein muß. Der alte Stich zeigt ihn denn auch als Patron und Beschützer (und Wundertäter!) der Stadt. Deutlich ist darauf dargestellt, wie der heilige Antonius, mit dem Kind auf dem Arm, über der Münchner Stadt im Himmel weilt und dabei wohlwollend, Schutz und Wunder gewährend, herunterschaut.
Die Inschrift ist für den Wunder-Suchenden ein »Schmankerl«, denn sie lautet:

Antonius und das Jesuskind. Der Himmel liegt gleich über den Frauentürmen!

Die Oberarm-Reliquie im gotischen Reliquiar

»Anmüethige Bildnuß deß grossen Wundervollen Nothelfers und Heiligen Vatters Antonij von Padua, aufgerichtet in seiner ihme zuegeheiligten Capellen in der Churfürstlichen Haubt- und Residenz-Statt München, bey dennen Ehrwürdigen Reformier-

ten Franciscaner Vättern; behaltendt und zur Trostreicher verehrung vorstehlendt, ein Warhafftes Spindlgebain, auß dennen Mächtigen Armben dises grosse Heyligen Antonij.
Im Jahr Christi 1682.«

Gehen Sie hin, und schauen Sie sich den leuchtenden Schrein an. Wenn Sie dabei Ihren Glauben finden – kein Wunder. Antonius hilft immer beim Finden. Und es sind täglich suchende Menschen da, die hier vor der strahlenden Reliquie einen Teil ihrer Gesundheit wiederfinden.
Was einmal war, das läßt sich wiederfinden.
Und was nicht ist, kann werden.

Infernalischer Brand in der Münchner Herz-Jesu-Kirche – Das Holzkreuz mit dem Jesus bleibt vollständig erhalten!

Im Münchner Westen, im Stadtteil Neuhausen, direkte Nähe zum Rotkreuzplatz, stand bis zum Morgen des 26. November 1994 die altehrwürdige Herz-Jesu-Kirche.
Ihr einstiger Platz an der Lachnerstraße, wo das typische Portal aus vier Steinsäulen zum Eintreten, Verweilen und Meditieren eingeladen hatte, steht leer: neun Tage nach dem infernalischen Brand war nur noch der Abriß verbliebener hitzegesprengter und verkohlter Grundmauern möglich.
Und ein Foto von zwei Feuerwehrleuten, die den unversehrten Christus aus verkohlten Holzbalken bargen, ging um die Welt ...

Wunder, Eigenartiges, sogar Okkultes hatte jener Bau mitsamt seiner »dunklen« Wiedererstehungsgeschichte nach dem Krieg immer schon an sich.
Das Feuer von 1994 war der zweite Großbrand dieser Kirche mit einer ganz eigenartigen spirituellen Ausstrahlung, der sich keiner entziehen konnte, der je den Innenraum betreten hatte oder dem ein Gespräch mit dem legendären Pfarrer Fritz Betzwieser vergönnt war.
Fast 50 Jahre zuvor, im Juli 1944, ist die einstmals im Jahre 1890 ein-

geweihte katholische Pfarrkirche zum erstenmal restlos niedergebrannt.[1]
Damals ist nur die Lourdesgruppe mit der Muttergottes-Figur verschont geblieben. Bis zum Jahre 1951 ließ der Prälat Niggl die Kirche (früher hieß sie »Mariä Himmelfahrt«) wieder aufbauen.
Aber die Geschichte des Dachstuhles ist mehr als sonderbar, war immer sagenumwoben, wenn nicht gar ein wenig anrüchig. Das Gebälk (und damit die Stütze) stammte von Adolf Hitlers Kino! Damit war ganz bestimmt die Schwingung, wenn nicht gar Magie des Bösen im Bau dieser Neuhauser Kirche mit eingewoben. Zufälle gibt es keine, und genau 50 Jahre nachdem Hitlers Ende seinen Anfang nahm, brannte ebenjener Dachstuhl wie Zunder. Alles ging zugrunde.
Nur der Christus nicht an seinem Kreuz.
Gleich nach Kriegsende kaufte die Kirche für 200 000 Reichsmark die Holzkonstruktion des früheren Kinos der SS-Wachmannschaft, das hoch über Berchtesgaden auf dem Obersalzberg gestanden hatte.
Das alte und massive Gebälk garantierte dem Kirchenbau eine gute Akustik, für die die Kirche seitdem berühmt war. Viele Konzerte und Plattenaufnahmen vor Ort zeugen davon. Bis zum November 1994 ...
Wir wissen nicht, welches »Zeichen« dieser Großbrand gesetzt haben mag, dessen Feuerschein am frühen Samstagmorgen die gesamte Umgebung Neuhausens in flackerndes rotes Licht getaucht hat.
Die Abendzeitung berichtete tags darauf:
»Zwei Stunden lang ging über Neuhausen ein feuriger Funken- und Aschesturm nieder. Die extreme Hitze gefährdete zeitweise die angrenzenden Häuser, ließ Scheiben platzen, Klingelschilder und Mülltonnen verschmoren und den Lack geparkter Autos schmelzen.«

[1] Ebenjenes Jahr (vor Kriegsende), das die allerschwersten Fliegerangriffe brachte und in dem bei Degerndorf, Oberbayern, ein englisches Flugzeug abstürzte und damit den Grundstock zum »Wunderkirchlein« legte.

Machen wir uns immer wieder klar, daß im Zentrum dieser Höllenglut, nämlich inmitten des brennenden Kirchenraumes, das Holzkreuz mit dem daran befestigten Christus »überlebt« hat!
Weiter berichtete die Abendzeitung:
»Als gegen 3.40 Uhr die ersten Scheiben platzten, war nichts mehr zu retten. Angefacht von plötzlicher Sauerstoffzufuhr, erfaßten die Flammen innerhalb von Sekunden das Kirchengestühl und die fast 2000 Quadratmeter große hölzerne Dachkonstruktion.
Als die Feuerzüge eintrafen, schlug die Flammenwand bereits mehrere 100 Meter hoch in den Nachthimmel. Zahlreiche Anwohner der Lachner- und Amortstraße, die von dem ohrenbetäubenden Prasseln und Bersten der alten Dachbalken geweckt wurden, flohen aus den Häusern in die Nachbarstraßen.
Tausendfach flogen die glühenden Trümmer bis zu 500 Meter weit.«
Der Autor dieses Buches hat sich – zufällig am Tag nach der Katastrophe vorbeikommend – ein Bild gemacht: eine schwarze Wüste

Kurz vor dem Einsturz: das lichterloh brennende Kirchturmdach

Diese Kreuzweg-Darstellung des Christus mit Kreuz schleppen feuerwehrmänner am Samstag früh, 26. Nov. 1994, aus den Ruinen der Münchner Herz-Jesu-Kirche, die in der Nacht bei einem Brand bis auf die Grundmauern zerstört wurde.

da, wo die Kirche dereinst stand. An den Nachbarhäusern hingen Kunststoff-Fensterrahmen geschmolzen in den Maueröffnungen. Das Glas der Fensterscheiben war im weiten Umkreis gesplittert vor Hitze. (Auch das »Christkind von Herz Jesu« ist übrigens von den Flammen im Inneren der Kirche verschont geblieben, wovon die nächste Geschichte erzählt.)

Betrachten wir das Foto von dem unversehrten Christus, wie er von zwei behutsam zupackenden Münchner Feuerwehrmännern geborgen wird:

Er wirkt in dieser Haltung geradezu so, als müßte er sein Kreuz nochmals tragen. Dabei helfen die zwei Männer ihm, wie einst Simon von Kyrene geholfen hat.

»Heiliges« scheint bisweilen dem Zugriff von Flammen nicht ausgesetzt zu sein. Auch inmitten eines Infernos gibt es die göttliche Macht, die das Naturgesetz an seinem Zugriff hindert. Dieses Phänomen zieht sich durch die gesamte Kirchengeschichte und kommt schon in der Bibel vor.

Das »Lexikon für Theologie und Kirche« erklärt, Gott könne die Wirkung hemmen, welche »Naturkräfte in einem bestimmten Fall

haben müßten«.[1] Und weiter: »... die Naturkräfte und Naturgesetze werden durch das Wunder nicht aufgehoben, auch nicht durch das miraculum contra naturam, sowenig es beispielsweise die Schwerkraft aufhebt, wenn der Mensch das Wasser hindert, bergab zu fließen.«[2]
Neben den »Jünglingen im Feuerofen« und mehreren Heiligen, die den Flammen der Scheiterhaufen trotzten, gehört das »Kreuz von Neuhausen« sicherlich zu den zeichensetzenden Wundern!

Das »Neuhauser Christkindl« übersteht den Brand wie durch ein Wunder, es holt sich aber eine Rußnase!

Nachdem wir in der vorhergehenden Geschichte erfahren haben, daß in der Neuhauser Herz-Jesu-Kirche Münchens ein »Miraculum contra naturam« passiert ist und das *Herz* (und damit der Christus am Kreuz) überlebt hat, kommen wir nun zu einem kleineren Feuer-Wunder dieser Brandnacht. Ein kleines Weihnachtswunder, das auch nicht der Liebenswürdigkeit und des altbayerisch-münchnerischen Humors entbehrt:
Es handelt sich dabei um das Neuhauser »Christkindl von Herz Jesu«, ein spätgotisches Relief, das die bekannte Krippenszene zeigt, mit allem, was so dazugehört.
Vor allem aber ist es ein fröhliches, ein lachendes Christkindl!
Das hat zwar seitdem eine etwas rußige Nasenspitze, aber die holt sich in München nicht nur das Christkind.
Dieses liebenswerte und wertvolle Relief ist das Werk eines Ulmer Bildhauers (Michael Erhard zugeschrieben), und es stammt aus der alten Winthirkirche, dem alten Mittelpunkt des Dorfes Neuhausen. Dorthin ist es, folgt man der Überlieferung, aus Thalkirchen gekommen, der Mutterpfarrei Neuhausens.

[1] Lexikon für Theologie und Kirche, Freiburg 1938, S. 980
[2] ebenda, S. 982

Die Tatsache, daß es unbeschadet blieb, nannte die Münchner Abendzeitung damals »ein kleines Münchner Weihnachtswunder«. Soll da einer sagen, daß das »Christkindl« in München nicht unter einem ganz besonderen Stern stünde!
Nun, von der beliebten Kirche ist nichts mehr da, außer viel »Neuhauser Erinnerung«. Und ein rühriger Verein bemüht sich seitdem, für den ersehnten Wiederaufbau genug Geld zusammenzubekommen.
Die Münchner werden sich da nicht lumpen lassen.
Denn dieses »Münchner Christkindl«, auch wenn es durch die damaligen Ereignisse etwas angeschwärzt ist, steht für die ur-münchnerische Grundhaltung, die immer schon, in Not und Feuersturm, aber auch in besseren Zeiten, geheißen hat:
»Weiter geht's sowieso«, auch dann, wenn zunächst keiner weiß, wie. Da sagt der Münchner dann einfach: »Schaun ma moi!«
Und schon hilft der liebe Gott persönlich mit. Das Wunder kann seinen Lauf nehmen. Denn zum Wunder gehören stets auch der Glaube und die felsenfeste Zuversicht. Sollte sich auch nur der kleinste Zweifel einschleichen, verliert jedes Wunder an (Wunder)-Kraft. Das *Wie* jedoch liegt immer bei der höheren Macht. Des seng ma dann scho!

Anna Maria Lindmayer und das Gelübde zur Dreifaltigkeitskirche

Im Herzen Münchens, genauer, im vornehmen Hotel- und Bankenviertel, Pacellistraße 6, steht die Dreifaltigkeitskirche. Dieses erste spätbarocke Gotteshaus Münchens ist ein Votivbau, das heißt, die Mauern sind aufgrund eines Gelübdes errichtet worden.
Und hinter diesem Gelübde liegen gleich mehrere Wunder verborgen ...

Mitten im Spanischen Erbfolgekrieg – es war der Sommer 1704, und die feindlichen Truppen wüteten soeben im Land –, da hatte

die Tochter eines Kammerdieners am Hof Herzog Max Wilhelms, Anna Maria Lindmayer, eine Vision:
Sie »sah«, daß ihre Heimatstadt München vor den Verwüstungen, die überall im Land zu beklagen waren, verschont bleiben würde, wenn die »drei Stände« – Bürger, Adel und Geistlichkeit – eine Kirche zur Ehre der Allerheiligsten Dreifaltigkeit errichten würden. Man nahm die Vision der Seherin ernst, sicherlich bedrängt durch die Not, wie sie buchstäblich vor der Tür bzw. vor den Stadttoren stand.
Am 17. Juni desselben Jahres 1704 gelobten diese drei Stände in der Frauenkirche während einer feierlichen Messe den Bau der Votivkirche. Antonio Viscardi sollte das so besondere Gotteshaus entwerfen.
Viscardi starb 1713, Zuccali und Ettenhofer haben den Bau dann ganz in seinem Sinn vollendet. Der junge Cosmas Damian Asam beteiligte sich an der Deckenmalerei.
Immer ist es die »Hinwendung zum Geistigen«, die dem Menschen Kraft verleiht. Und dieser Geist drückt sich dann in der urchristlichen, aber auch magischen, mathematisch klaren, sich zum Unendlichen hin ausweitenden Zahl »Drei« aus. »So, wie das eine göttliche Wesen in drei Personen lebt und wirkt, bewirkt die in drei Stände (Klerus, Adelige und Bürger) gegliederte Gesellschaft der Stadt München vereint den Bau der Kirche. Dieser allegorischen Betrachtungsweise folgt auch die formale und inhaltliche Gliederung der Kirche und ihrer Ausstattung.«[1]
Auch Körper, Geist und Seele bilden eine Dreiheit; sind sie doch die drei Daseinsformen des Menschen.

Leben und Wunder der Anna Maria Lindmayer

Die Frau, die zur Seherin und Mystikerin geboren war, kam als drittes von fünfzehn Kindern, von denen sich fünf dem Ordensstand weihten, auf die Welt. Wunder und wundersame Erscheinungen treten recht bald in ihr Leben. Sie erzählt später, daß ihr mit sieben

[1] »Dreifaltigkeitskirche München« (Schnell-Kunstführer Nr. 27), München 1990, S. 3

Jahren, beim Spielen mit anderen Kindern, die schmerzhafte Gottesmutter begegnet sei, »so, wie sie unter dem Kreuze steht«.[1]
Nach drei gescheiterten Versuchen, ins Kloster einzutreten – erst bei den Benediktinerinnen, dann bei den Karmelitinnen, schließlich bei den Zisterzienserinnen –, erkennt sie,

> »... daß alle Heiligkeit und Vollkommenheit beschlossen liegt in dem Marianischen fiat: ›Siehe, ich bin die Magd des Herrn; mir geschehe nach deinem Wort‹. So legt sie für sich privatim vor ihrem Seelenführer die drei Gelübde der Armut, der Keuschheit und des Gehorsams ab und führt nun in der Welt ein Leben der Abtötung und der Nächstenliebe für die Welt.«[2]

Armut, Keuschheit und Gehorsam: schon wieder begegnen wir der magischen Zahl Drei.
Vor allem mit Erscheinungen des leidenden Christus wird sie heimgesucht. So sieht sie im Jahre 1690 ein Gnadenbild des gequälten Jesus heftig weinen. Nach der Säkularisation haben Schwestern dieses eigenartige Bild des weinenden Christus (er weint wirklich, aber für Anna Maria waren die Tränen und der Tränenfluß real!) nach Pielenhofen bei Regensburg gebracht. Dort ist es bis zum heutigen Tag Gegenstand großer Verehrung.
Auch blickt sie ins Fegefeuer.

> »Ich«, so sagt sie, »wurde öfters ins Fegefeuer entrückt und habe diesen schrecklichen Ort sehen müssen.« Dann schildert Anna Maria, das Fegefeuer habe auf sie gewirkt wie ein »feuriger Mühlbach«, dann wieder wie ein »feuriger Kerker, in dem Seelen wie Feuerfunken sich bewegten ...« Schließlich schildert sie den Ort der Läuterung als einen »tiefen Teich«. Die Seherin wird von leidenden Seelen besucht und heimgesucht: »Es ist keine Nacht vergangen«, so hat sie gesagt, in der sie nicht von den Verstorbenen bedrängt worden wäre.[3]

Die Frage, ob ein Mensch mit derartigen Fähigkeiten eine besondere religiöse Veranlagung habe oder, im Sinne einer hierfür festgeleg-

[1] zit. nach: Rudolf Graber: »Anna Maria Lindmeyer«, Ensdorf (o.J.), S. 2
[2] ebenda, S. 3
[3] zit. nach: Rudolf Graber, a.a.O., S. 5

Weinender Christus:
Die Seherin Anna Maria Lindmayr erlebte vor diesem Bild eine mystische Vision. Siebenmal hintereinander sah sie Christus weinen.
(Unbekannter Meister aus München, heute Pfarrkirche von Pielenhofen. Das Bild wurde bereits im 18. Jahrhundert verehrt).

ten psychologisierenden Terminologie, schlichtweg verrückt sei, wird stets die Lager spalten.
Sind die Erlebnisse »echt«? Oder sind es Halluzinationen einer leidenden geistig Gefangenen? Fest steht in jedem Fall, daß Anna Maria Lindmeyer Visionen hatte, die sich hinterher als »wahr« erwiesen.

Dazu gehört eben auch die »Madonna mit der Rute«, das nächtliche Hören peinigender Rutenstreiche, was das »Strafgericht« des Spanischen Erbfolgekrieges bedeutete. In dieser Zeit drohte dem Land völliger Untergang, war der Kurfürst in die Reichsacht erklärt. In dieser Zeit ist Anna durch ihre »Gesichter« zum *»rettenden Engel«* des Landes und ihrer Stadt geworden.
Erst spät in ihrem Leben, am 14. Oktober 1712, geht die nunmehr Sechsundfünfzigjährige als Novizin in das Dreifaltigkeitskloster zu München, wird somit Karmelitin. Später wird sie Priorin und Novizenmeisterin. Am 6. Dezember 1726, sie ist jetzt 69 Jahre alt, holt Gottvater sie zu sich in das Reich, von dem Anna mehr als ein gewöhnlicher Mensch schon zu Lebzeiten schauen durfte.
Auch noch Tage nach ihrem Tod blieben Wunder nicht aus: denn aus den Wundmalen Christi, die sie empfangen hatte, floß stets von neuem frisches Blut. Drei erfahrene Hofärzte wurden mit der Aufgabe betraut, ihre Leiche zu sezieren. Was fanden sie vor zu ihrer Bestürzung?
Das Innere der frommen Seherin war frisch und unverwest. Über alle Maßen groß fanden die Doktoren das Herz. Als sie es öffneten, quoll auch aus dieser Pumpe des Lebens, die noch ohne Verwesung war, frisches Blut hervor.
Der Chirurg Schmid, der die Sektion geleitet hatte, schließt sein Gutachten mit folgenden Worten:

> »Gleichwie nun alle Umstände auf etwas Übernatürliches hindeuten und Gott der Welt dadurch ein Zeichen des von der gestorbenen Klosterfrau geführten frommen Lebenswandels geben wollte, so getrau ich mir den Schluß zu ziehen, daß sie Gott mit seinen heiligen fünf Wunden als seine Braut kennzeichnet, allen christgläubigen Seelen aber zu einer Fürbitterin auserkoren hat.«[1]

Die Stadt München zeigte sich der frommen Frau gegenüber jedoch sehr undankbar.
Am 19. Januar 1803 hat man die Gebeine der Seherin, zusammen mit den Knochen von 42 anderen verstorbenen Nonnen, auf einem Wagen der städtischen Müllabfuhr zu finsterer Nachtzeit auf den

[1] zit. nach: Rudolf Graber, a.a.O., S. 10

Friedhof hinausgefahren und »in einer großen weitgeöffneten Grube daselbst verscharrt«.[1]
Professor Dr. Rudolf Graber (gest. 1992), damaliger Bischof von Regensburg (1962–1982), mahnte noch im Vorfeld der Achthundertjahrfeier Münchens und des Eucharistischen Weltkongresses, die Seherin nicht zu vergessen und den Frevel gutzumachen:
»Darüber hinaus aber steht Anna Maria Lindmayr vor uns, gleichsam als lebendige Verkörperung der **Fatimabotschaft:** Buße zu tun und in sich zu gehen, um die drohenden Strafgerichte Gottes sühnend abzuwenden ...«[2]

Die Münchner Mystikerin Columba Weigl

Nun hören wir von einer Mystikerin, einer Frau, die Visionen von so gigantischer Kraft und Urgewalt hatte, wie sie uns sonst nur noch von den weltberühmten und gottbegnadeten Mystikern (Theresa von Avila, Johannes von Gott u.ä.) berichtet und aufgezeichnet wurden.
Doch diese Frau, die dem eigenen Zeugnis nach mit Jesus sogar körperlich in Kontakt trat, sie war eine *echte Münchnerin.*
»Sie darf nicht vergessen werden!« mahnt eine Schrift des ehrwürdigen Pfarrers Weigl[3], »... diese große, gottliebende Seele, diese einmalige Beterin und Büßerin im Ordenskleid des heiligen Dominikus. Vor 200 Jahren schon duldete, opferte und vollendete sie ...«[4]
Auch hier die Angabe des Ortes, an dem die Kraft des göttlichen Einflusses heute noch spürbar sein mag für den, der dazu bereit ist: Kloster Altenhohenau bei Wasserburg am Inn.

[1] zit. nach: Rudolf Graber, a.a.O., S. 11
[2] ebenda
[3] A.M. Weigl/Karl Besler: »Columba Weigl, Lebensgeschichte und Novenenbüchlein«, Altötting 1983, S. 3
[4] ebenda

»Ein von Gott erwähltes Gnadenkind«, so wird Columba (ihr richtiger Name vor der »Einkleidung«, die am 27. August 1730 geschah, lautete Elisabeth Franziska) später genannt werden.
Geboren wurde Columba als zweites Kind recht begüterter Münchner Eltern. Der Vater betrieb in Generationsfolge die familieneigene Branntweinbrennerei.
Am 8. März 1713 kam sie zur Welt. 1711 baute Viscardi in München die Dreifaltigkeitskirche, die auf eine Vision von Anna Maria Lindmayer, der Münchner Mystikerin und Seherin, von der das vorige Kapitel handelte, zurückging.
Fast könnte man meinen, es hätte in dieser Zeit etwas »in der Luft« gelegen. Allerdings war es auch eine grausame und schwere Zeit, da Bayern sehr unter dem Spanischen Erbfolgekrieg und der Besatzung durch österreichisch-ungarische Soldaten zu leiden hatte.
Noch am Tag ihrer Geburt wurde Columba in St. Peter, dem legendären »Alten Peter«, getauft.
Ein erstes (Überlebens)-Wunder ward ihr schon in der Wiege geschenkt:
Ein wilder und blutrünstiger, sicherlich auch betrunkener österreichischer Husar drang in die elterliche Wohnung ein und wollte das Kind mit dem Säbel töten. Die Mutter konnte den tödlichen Streich zwar abwehren, nur erschrak sie darüber so sehr, daß sie unmittelbar darauf verschied.
Die Macht des Bösen hatte in jenen Tagen das Sagen. Über Columba (lat.: Taube) aber schwebte der Geist, der doch so trefflich im Symbol der weißen Taube verkörpert ist.
Ihre Sache war ebenjener »Geist«, den nur Gott selber mitteilt.
Und Columba war, im wahrsten Sinn des Wortes, »geistig begabt«.
Oft erschien ihr der Schutzengel, an den sich in unseren Tagen des ausgehenden Jahrtausends die Menschen wieder reumütig erinnern.
Für Columba erschien der Engel als leuchtender Stern, den sie neben sich strahlen sah. Es gibt ihn, den hilfsbereiten Engel, der rund um die Uhr für seine Schützlinge da ist. Aber man muß an ihn *glauben*, sonst tut er sich gar so schwer bei seiner oft mühsamen Arbeit.
Columba war wirklich »sehend«. Und bald sah sie auch das Jesuskind, das ihr, schon vor der Schulzeit, Lesen und Schreiben beibrachte. Lateinisch und Deutsch.
Vorzeitig wurde das spirituell so hochbegabte Kind zur Beichte und

auch zum Altarsakrament zugelassen. Wieder stellten sich Visionen ein: Gar manches Mal erschien ihr das göttliche Kind in der Hostie! Das Wunder wurde ihr zum Alltag, aber es ist bisweilen schwer, vielleicht »über-menschlich« schwer, anders zu sein als andere.

Die Wunder, wie sie in Columbas Leben geschahen, steigerten sich an Kraft und göttlichem Inhalt; letztendlich vermag der Chronist nicht mehr festzustellen, ob sich ihr erfülltes (aber sehr schmerzreiches!) Leben in dieser oder der »anderen« Welt abspielte.

Am 16. April gelangte das 17jährige Mädchen nach Altenhohenau. Über das erste Wunder dieser Zeit erzählt uns Weigl in seiner einfühlsamen Schrift: »Während ihrer Noviziatszeit erlebte Columba am 13. Mai 1731 ihre erste bedeutende Erscheinung einer armen Seele. Es war der Geist des Bruders ihrer Novizenmeisterin, des Joseph Adam Unertl, Bräuhausverwalter von Traunstein, den sie nach Erfüllung ihrer verlangten Bußwerke aus den Schrecken des Fegefeuers befreit sah.

Sehr anschaulich berichtet sie dabei über die Tätigkeit Satans als Ankläger beim persönlichen Gericht nach dem Tod.«[1]

Warum nur sind die, die Gott so nahe treten dürfen, auch vom Teufel gar so geplagt? Erinnert sei hier nur an den heiligen Antonius, an Pater Pio und viele andere.[2]

Ist es Eifersucht? Die Sucht des Gefallenen, in Versuchung zu führen? Oder ist es der dunkle »Spiegel« des eigenen Ego? Die Schattenseite der Seele? Wir wissen es nicht.

Columba erlebte das übernatürliche Ereignis der Stigmatisation am 19. August 1731, was bedeutet, daß sie die Wundmale Christi empfing.

Ganz so wie der große Franziskus von Assisi vor ihr und auch die in diesem Band beschriebene Anna Maria Lindmayer und Therese von Konnersreuth: Sie alle mußten in ihrem Erdenleben »mit-leidig sein«, im wahrsten Sinne des Wortes.

Wunder sind dann nur möglich, wenn ein Mensch bedingungslos los-lassen kann. Doch manchmal wird ein »Wunder« auch geschenkt, an Menschen, die alles andere als »bereit« sind. Einfach als Gnadengeschenk. Über das Loslassen schreibt Gerhard Wehr:

[1] A. M. Weigl/Besler, a.a.O., S. 9

[2] vgl. auch die Höllenvisionen der Theresa von Avila!

»Gemeint ist eine Transformation. Von diesem Teilhaben an einem naturgemäß verborgenen Leben weiß vor allem der Mystiker, der bereit ist, sein Alltags-Ich aufzugeben. Er tut dies nicht etwa aus Lebensüberdruß. Sein Entschluß zum ›mystischen Tod‹ resultiert eher aus dem Verlangen nach ›mehr Leben‹ ... Die Devise eines Mystikers lautet demnach: ›Wer nicht stirbt, eh' er stirbt, der verdirbt, wenn er stirbt.‹«[1]
Viele Wunder, aber auch viel Leid waren der frommen Columba beschert. Und einmal wollte sie ihre Seele sehen. Der sicherlich äußerst seltene Anblick wurde ihr gewährt.
Ein Schutzengel zeigte sie ihr: leuchtend rein und strahlend, aber zum Hinfallen schwach.
Möge der Leser in einem ehrlichen Moment an seine Seele denken. Und dann danach leben. Vielleicht kann nur ein Wunder helfen.

Zwei Kapellen bei Finsterwald am Tegernsee – Das Wunder der Liebe und das Wirtschaftswunder

Ziemlich genau auf der Strecke von München zum Tegernsee liegt der Taubenberg, jener besondere »Kraftort« mit dem unterirdischen Wassertempel. Dort geschah das Wunder mit den drei Schlangen, wovon heute drei Kreuze künden.
Am nördlichen Ende des Tegernsees aber, also an der Seite, die München zugewandt liegt, da findet der Suchende zwei besondere Kapellen.
Die eine hat mit dem Wunder der Liebe zu tun, die andere, auf vielleicht unfreiwillig humorvolle Weise, mit dem deutschen Wirtschaftswunder.

Von Dürnbach (bei Gmund) führt der Weg westlich ein Stück nach Finsterwald und von da aus dann in Richtung Holzeralm.
Bald begegnet einem eine herrliche, weiß strahlende Kapelle mit funkelnder Messingzwiebel auf dem Türmchen.

1 Gerhard Wehr: »Selbsterfahrung durch C. G. Jung«, Augsburg 1993, S. 115f.

Das Strahlen und die »Reinheit« sind nicht von ungefähr, denn dieses liebliche Bauwerk wurde erst im Jahre 1996 errichtet.
Es ist damit das jüngste Denkmal, das im Rahmen des vorliegenden Buches mit »Wundern« zu tun hat. Aber dieses Wunder eben ist unübersehbar. Ist es doch das Wunder der Liebe.
Eine längst vergessene Tradition lebt hier wieder auf, die in Deutschland vor langer, langer Zeit gute Sitte derer war, die zu Wohlstand und Ansehen kamen.
Und die dann vor Gott, vor sich selber und vor den Mitmenschen zeigen wollten: Ich bin dankbar!
Tatsächlich hat hier ein Querdenker der High-Tech-Industrie, der Chip-Broker Erich J. Lejeune, aus Hingabe an seine Frau Irene eine der heiligen Irene gewidmete Gnadenkapelle gestiftet: für die Gnade, den richtigen Lebenspartner gefunden zu haben.
Der Gedanke ist erhaben, und in einigen hundert Jahren wird dieser für uns eher aktuelle Anlaß den Stoff für eine Sage und für umrankende Wundergeschichten hergeben.
Heute schon ist die Kapelle ein »heimlicher Gnadenort« geworden; eine Stätte, die Pilger und Neugierige wie magisch anzieht.
Man muß die Kapelle selber gesehen und davorgestanden haben, um die verzaubernde, lichtverliebte Stimmung zu erahnen, die jeden Besucher sofort erfreut – und auch beglückt.
Ausgemalt und außen mit Fresken versehen hat den Bau Günther Wasmeier, ein Meister seines Faches. In unserer hektischen Zeit gibt es nicht mehr viele, die so etwas können. Die Skulpturen und der herrliche Altar stammen von dem heimischen Bildhauer Quirin Roth.
Hier, vor dem Portal dieser neuen Kapelle, »schwingt« das Wunder der Liebe, hier lassen sich Gedanken denken und Ideen finden, die woanders nicht so leicht den Weg vom Herzen zum Kopf suchen würden.
Und wo die Einheit von Körper, Geist und Seele angesprochen ist, da passiert leichthin das, was uns Verblendeten stets als »Wunder« vorkommt.
Täglich werden es mehr Leute, die das Kapellchen aufsuchen. Und schon hört man sagen: »Die heilige Irene in der Kapelle von Finsterwald hat geholfen ...«
(Vor allem den Liebenden!)

Eine Kapelle aus Dank und Hingabe: die der heiligen Irene gewidmete Gnadenkapelle in Finsterwald am Tegernsee

Mag der Bau dieser licht-vollen Kapelle in Finsterwald vielleicht auch irgendwie mit dem damaligen »Wirtschafts-Wunder« zusammenhängen und mit neuen Ideen, die sich aufs Alte besinnen, so kündet ein Kapellchen ganz in der Nähe auf vielleicht unfreiwillig humorvolle Weise vom »klassischen« deutschen Wirtschaftswunder:

Von Kaltenbrunn kommend, führt ein Wegerl nach Bad Wiessee. Vorher aber, an einer Wegkreuzung, da, wo sich der »Schwoagaweg« teilt und links die Holzerstraße nach Wiessee führen würde, steht wieder ein Wunder-Kapellchen.

Und dieses liebenswerte, etwas heruntergekommene Bauwerk kündet uns vom Wunder: vom satten deutschen Wirtschaftswunder der fünfziger Jahre nämlich.
Man muß nur die Texte an den Außenmauern entschlüsseln:

(1950)
»Da kam die Hilfe übers Meer,
und half uns bei dem Aufbau sehr.
Mit Mut und Fleiß der Hände Kraft,
Das Wirtschaftswunder wurd' geschafft.
Und mit dem Wohlstand und dem Geld,
wuchs auch das Ansehn in der Welt.
Mög Gottes Güte weiter walten,
Frieden und Freiheit uns erhalt(en).«
(... das (-en) ist im Lauf der Jahre weggeblättert.)
Auch 1980 gab's ein Wunder:
»Nach 200 Jahren, ein Wunder fast,
kommt der hl. Vater nach Deutschland zu Gast ...«
und 1990:
»Am 30. Oktober das Wunder geschah
Die Deutsche Einheit ist wieder da!«

Wundersames am unheimlichsten See Deutschlands – Der Königssee und St. Bartholomä

Berchtesgaden und der Königssee! Die beiden sind untrennbar miteinander verbunden, so, wie auch der grausame König Watzmann seinem Schicksal des Verwunschenseins nicht auskommt. Und direkt am Fuße der Watzmann-Ostwand spiegelt der wohl magischste aller deutschen Seen das dunkle Grün der Bergwälder und den Abglanz der Jahrhunderte wider. 602 Meter »hoch« liegt

der Wasserspiegel, die maximale Tiefe des keilartig in den Felsen eingegrabenen Seebettes beträgt 240 Meter.
Die Halbinsel St. Bartholomä erzählt von so manchem Wunder, hier aber, ganz in der Nähe des Watzmanns, da nehmen oftmals selbst Wunder schaurige Gestalt an ...

Unheilvoll, düster und tiefgrün schmiegen die Wasser des Sees sich zwischen den Fels. In der Nähe der Anlegestelle Kessel, direkt gegenüber dem Watzmann und der Archenwand, befindet sich seitlich an einer steil abfallenden Felswand eine Höhle. Von diesem Punkt aus führt ein Weg hinauf zur Gotzenalm und dem Gotzenstein.
Die unheilverkündende Höhle unten bei der Anlegestelle wird »Kuchlerloch« genannt. Das so besonders Unheimliche daran ist, daß man nur den oberen Teil der Höhle sieht, der untere Teil aber reicht, unter der Oberfläche des dunkel daliegenden Sees mit dem wegen der enormen Tiefe immerzu eiskalten Wasser, tief und weit in den Berg hinein.
Dahinten aber, wo der letzte Winkel dieser schwarzen Höhle zu vermuten wäre, da haust ein unguter Geist, ein Seegeist nämlich. Und man sagt, er habe Macht über die Seelen all der Ertrunkenen und gebe keine davon frei.
Denn Orte und Stätten, an denen sich menschliche Seelen unter schlimmen Umständen von ihren sterblichen Körpern haben trennen müssen, solche Orte des Entsetzens haben es immer »in sich«. Wenn der Geist nicht in Frieden den Körper verlassen kann, wenn das Leben des Dahinscheidenden innerlich noch nicht abgeschlossen ist und Fehler nicht mehr bereut werden konnten, dann bleibt der Geist da, wo der Bruch zwischen Geist, Seele und Körper geschah. Man sagt dann zu Recht: Da spukt es.
Der böse Seegeist vom Kuchlerloch im Königssee, von dem wird erzählt, er besäße tausenderlei von tönernen Gefäßen. Und in diesen Töpfen harren die unglücklichen Seelen der Verstorbenen, eingesperrt bis ... ja, bis dann endlich einmal ein lebendiger Mensch hinabtaucht in die Tiefe und sämtliche Gefäße umstößt.
Eine Sage, gewiß. Das Wunder dabei ist, daß viele, die von dieser Sage hören, bei sich beschließen, so weit möge es erst gar nicht kommen. Sie leben ihr Leben so, als sei jeder Tag der letzte Tag, sie bereuen ihre Sünden – und leben lange, froh und glücklich.

Kein Mensch hat es bislang gewagt, in die Höhle des Kuchlerlochs hinabzutauchen.
Vor etwa zwanzig Jahren fuhr zur kältesten Winterzeit ein leichtsinniger Bursche in finsterster Nacht mit seinem VW-Käfer über die dicke Eisfläche des Sees. Was für ein Wahnsinn! Der ziemlich Angetrunkene wollte eine Freundin hinten in St. Bartholomä überraschen.
Er verschwand in einem Eisloch, für immer. Selbst modernstem Tauchereinsatz mit schwerem Gerät ist es nicht gelungen, die Leiche zu bergen.
Die Lichter des Wagens sollen aber bis heute noch brennen, denn der Fahrer hat sie in seinem Entsetzen nicht mehr ausschalten können.
Die naßschwarze Höhle des Seelenfängergeistes heißt auch Gollinger Loch, hier soll es einen unterirdischen Abfluß geben, der quer durch das gesamte von schwarzer Magie beherrschte Gebirge zu den Gollinger Wasserfällen im Salzachtal hinführt.
Manche, die's nicht glauben wollten, haben schwimmende Teile wie etwa Sägespäne ins Kuchlerloch geworfen. Die sollen dann bei den Gollinger Wasserfällen wieder aufgetaucht sein.
Zufall? Wunder? Magie?
Oder das Gesetz, daß an verwunschenen Orten nie etwas verlorengeht?

Ein ganz anderer, ein reiner Wunderort dagegen ist St. Bartholomä!
Die Halbinsel ist ein Werk des Eisbaches, der unermüdlich Gesteinsmassen »von oben« in den See schiebt. Die Chronik meldet, daß bereits 1134 die »Basilica Chunigesee« eingeweiht worden sei. Die der damaligen Zeit entsprechende Kirche war gotisch und von Anfang an ein Ort der Wallfahrt und der erfüllten Wunder.
Wen wundert das bei der hier herrschenden geradezu magisch-kosmischen Strahlung, die das Watzmann-Massiv hervorbringt?
Von da führt der Weg zur Eiskapelle.
Auch steht hier im Wald die Kapelle St. Johann und Paul. Die Sage berichtet, daß sich hier in finsterer Nacht Zwerge treffen, die sogenannten »Unterbergsmanndl«.
Was haben die wohl zu besprechen? Wir wissen nur: Hier geschieht Wundersames.

Die Eiskapelle, eine Naturtempelanlage aus Fels und gefrorenem Wasser, wurde im Winter 1974/75 durch einen gewaltigen Felssturz vollkommen vernichtet.
Vielleicht bietet die Watzmann-Ostwand, die schon viele junge Menschen ins Verderben gelockt hat, den Gegenpol zur Wunderkraft der Kapelle auf der Halbinsel. Bei St. Bartholomä ist die Stimmung friedlich. Und viele Wunder der Heilung werden erzählt im Umfeld von eiskaltem dunklem Wasser und von bedrohlich hoch aufragenden Felsenwänden.

An einem Totenbrett wächst die wundersame Rose aus dem Schnee

Direkt am Fuß des Großen Osser und in guter Sichtweite zum Arber, mit Kötzting, Viechtach und Bodenmais ein Viereck bildend, liegt das Städtchen Lam.
Die ganze Gegend hier ist voll des »Wunders«, der feinfühlige Pilger spürt die besondere Erdkraft von Anfang an. Führt doch auch von Lam aus der Kreuzweg zur Mariahilfkapelle mit dem Gnadenbild, und der Wunderort Neukirchen mit Maria Blut und der »blutenden Madonna« ist nicht weit weg. Alles strahlt ...

Und so berichtet uns die Sage:
Vor langer Zeit stand am Ende des Lamer Marktplatzes, da, wo sich heute das Haus des Huislschmieds befindet, eine Totenbrettergruppe. An diesem mit seltsamer, unwägbarer Kraft aufgeladenen Ort mußten die Kirchgänger aus Engelshütt und der Schmelz immer vorübergehen.
Eines frühen Morgens im Advent ging eine Schmelzerin zur Messe. Als sie an den Totenbrettern vorbeikam, hörte sie ihren Namen rufen. Sie blieb stehen, konnte aber niemanden sehen. Da vernahm sie eine flehende Stimme: »Bet heute in der Kirche für meine arme Seele!«
Kein Zweifel! Die wundersame Stimme war echt und keine Halluzination. Der Schrecken saß der Schmelzerin in den Gliedern.

Totenbretter (historische Aufnahme): Hier wird die Kraft und Dynamik (Energie der Verstorbenen?) besonders deutlich. Ein Foto ist oft verräterischer als die Wirklichkeit.

Heutige Totenbrettergruppe. In der Mitte das »Göl-Kreuz« (vor 1850) beim Engelshütter Kircherl

Doch während des Gottesdienstes beschloß sie, der Bitte des Erlösung suchenden Geistes nachzukommen und fortan für die Befreiung dieser armen Seele aus der Pein zu beten.
Auch am nächsten Morgen und auch an den folgenden Tagen wurde sie von dem verzweifelten Geist bei ihrem Namen gerufen und um das Gebet angefleht. Stets kam sie der Bitte nach.
Als die Schmelzerin am dritten Tag nach der Messe heimging, sah sie an einem der Totenbretter aus dem weißen Schnee eine zarte, blutrote Rose herausragen. Sie brach die Blume ab und trug sie nach Hause. Wochen, Monate und Jahre vergingen, doch die Rose welkte nicht. Als die gute Frau hochbetagt starb, legten ihre Kinder die Rose, die immer noch in ganzer Schönheit strahlte, auf ihre Brust, bevor der Sarg geschlossen wurde.
Die Frau hatte den himmlischen Lohn für ihre Gutmütigkeit bereits auf Erden erhalten: durch das lange glückliche Leben und durch das Symbol der roten Rose.[1]
Totenbretter sind Orte »im Wald«, die mit der Energie Verstorbener spürbar geladen sind. Kein Wunder, daß man den Totenbrettergruppen bis vor kurzer Zeit nachgesagt hat, es würde dort »gespenstern«. Der Lamer Pfarrer Wilhelm Zitterbart schreibt:
»Zu Zeiten, als es auf unseren Friedhöfen noch kein Leichenhaus gab und die Toten noch nicht in Särgen ›von der Stange‹ begraben wurden, bahrte man die Leichen im Sterbehaus auf, auf einem Brett liegend, weil man die Toten entweder in Leinen eingewickelt begrub oder erst Maß nehmen mußte für einen Sarg.
Wenn man dann bei der Beerdigung den Toten ins Grab rutschen ließ oder bei der Aussegnung im Sterbehaus in den Sarg legte, blieb das Totenbrett zurück. Was nun damit tun?
Zum Teil verbrannte man diese Bretter, oder man legte sie über einen morastigen Graben.

Denn, so glaubte man damals, die Seele würde erst dann ihre Ruhe finden, wenn das Totenbrett verfault sei. Man nahm deshalb nur Weichholz für diese Bretter ...«[2]

[1] als Vorlage dient: Kurt Sanetra, a.a.O.
[2] in: »Totenbretter, Wegkreuze, Marterln ..., im Lamer Winkel« (hrsg. v. Verkehrsamt)

Hier wird klar, daß man annahm, das Brett würde die Energie des Verstorbenen »mittragen« und es könnte ein materielles Hilfsmittel für Erlösung und Fürbitte sein.

Der Laienbruder Marhold darf an seinem »Lieblingsplatz« sterben

Nicht allzuweit von München entfernt liegt, nördlich von Dachau und in der Nähe von Altomünster, der recht alte Ort Markt Indersdorf. Für den Münchner und Augsburger ist der Ausflug dorthin allemal lohnend und die kleine Tagesfahrt wert: denn man ißt in dieser Gegend ausgezeichnet, und es ist lange nicht so teuer wie in der Großstadt. Und sowohl das Birgittinnenkloster Altomünster mit der Klosterkirche als auch das Kloster Indersdorf stehen in einer Umgebung voller »Kraft«, voller Legenden – und Wunder!

Das Leben selbst ist Wunder genug. Gibt es ein größeres? Zum Leben aber gehört der Tod. So ist auch er ein Wunder. Denn Tod bedeutet Leben, und Leben bedeutet Tod. Das eine ohne das andere ist nicht denkbar und ist auch noch nie vorgekommen. Von dieser Paradoxie, daß nämlich Tod Leben bedeutet, handelt fast jede große Religion.
»Wundert« es da noch, daß so manches geschehene Wunder sich um den Tod dreht oder das Sterben? Viele Wundergeschichten erzählen von einer wunderbaren Errettung (vor dem Tod) oder aber von dem Sterben-Dürfen in Gnade und Würde; von besonderen Todesumständen. Denn ein besonders »schöner« Tod an würdiger Stelle, sozusagen »Sterben mit Stil«, so etwas ist sicherlich auf das Wohlwollen einer höheren Macht zurückzuführen.
Solch ein friedvolles und schönes Sterben wurde vor Jahrhunderten dem Laienbruder Marhold geschenkt. Denn er, der stets ein Leben in Bescheidenheit und Demut geführt hatte, er durfte an seinem Lieblingsplatz, dem Ort, wo er sich am allerwohlsten fühlte, den Weg in die andere Welt hinüber antreten.

Das war unter einem alten Feldkreuz, ebenda, wohin ihn der Umweg stets geführt hatte: zum Rasten, Verweilen, Meditieren, Beten. Wer von uns hat denn nicht einen solchen »Lieblingsplatz«, einen Ort, an den es ihn immer wieder von neuem hinzieht?
Das heutige Markt Indersdorf ist als Ort recht alt. In dem Werk »Heilige in Bayern« können wir nachlesen: »Im Jahre 1126 wurde dort ein Kloster gestiftet und den Augustiner-Chorherren übergeben, in das übrigens 1856 ›Barmherzige Schwestern‹ einzogen. Für Stift, Geistliche und Adlige hatten Laienbrüder die niederen Arbeiten zu verrichten. Dies traf auch auf Marhold zu ... Ihm war aufgetragen worden, als Sammelbruder die umliegenden Bauernhöfe aufzusuchen und um Geld und Naturalien für das Kloster zu bitten.«[1]
Bruder Marhold war, so wird es berichtet, von recht schwächlicher Gesundheit. Aber er besaß, das dürfen wir als sicher annehmen, den »inneren Frieden«, den »Himmel auf Erden«. Auch die Geschichte des Abtes vom Tegernsee, der den »Stillstand der Zeit« und damit die Ewigkeit erlebte, erzählt uns davon.
Bruder Marhold kam eines schönen Tages von seiner Sammel- und Betteltour nicht mehr zurück. Wo er doch immer so zuverlässig und pünktlich gewesen war! Die Mitbrüder machten sich Sorgen. Sie gingen ihn suchen. Und fanden ihn auch.
Tot lag er da, friedvoll entschlafen. Auf den ersten Blick sah es eher so aus, als würde der Glückliche dahocken und, von Müdigkeit ergriffen, auf die Seite gerutscht sein. Der Friede auf seinem Gesicht war, im wahrsten Sinn des Wortes, »unendlich«.
Immer wenn er zu den Bauern hinging, dann hatte der Mönch hier eine geliebte Rast eingelegt, hatte gebetet, wollte Jesus unter dem Kreuz begegnen und dem lieben Gott guten Tag sagen. Er muß »seinen Weg« zu Gott wirklich gefunden haben, denn genau hier, an dieser Stelle, hat der All-Umfassende das Gebet erhört und Marhold abberufen.
Die Überlieferung nennt 1172 als Todesjahr. Es ist dies das Jahr, in dem auch der Minoritenbruder Berthold von Regensburg gestorben ist.

[1] Hans D. Leicht: »Heilige in Bayern«, München 1993, S. 190

»Wunder«: das Eingreifen Gottes in irdische Abläufe.
Das »Ab-Leben« ist ebensolch ein Eingreifen wie das Wunder der Geburt. Gibt es einen schöneren Tod als den, den Marhold »erlebt« hat? Nichts ist zufällig. Der Zufall ist lediglich das, was »zufällt«, was, der höchsten Ordnung folgend, zusammenfällt. Alles hat seinen Sinn und setzt Zeichen. So gedenkt man des frommen Laienbruders Marhold am 22. Februar und bittet dabei wohl auch um so ein wunderbares Abschiednehmen.
Irgendwann – wenn die Zeit gekommen ist.

Pilgerstätten – heilige Orte?

Vorüberlegung zu den Pilgerstätten und den heiligen Orten

> »Mit jedem Schritt kommen wir Gott näher. Wir erfahren uns als Pilger, aber zugleich als Menschen, die gehend sich wandeln, die hineingenommen werden in den Weg Jesu, der über das Kreuz zur Auferstehung führt. Das Schreiten wird als Gebetsgebärde noch in den Prozessionen geübt.«[1]

Es ist, etwa seit den sechziger Jahren, in der Medizin mehr und mehr die Rede von der »Ganzheitlichkeit«, von der ganzheitlichen Behandlungsform. So kommen, neben der Schulmedizin, immer häufiger andere Disziplinen zu Ehren. Das reicht von autogenem Training über Yoga, Tai Chi, Homöopathie und Reiki hin zur Bachschen Blütentherapie; der weite Bogen spannt sich von Akupunktur, Akupressur, Shiatsu und Qi Gong bis zu einer ganzen Sintflut von Diätprogrammen und Philosophien.
Die obige Reihe ließe sich beliebig erweitern. Von dem breiten Spektrum der »Geistheiler« wurde noch gar nicht gesprochen.
Das »Wunder« aber, von dem wir in diesem Buch reden, es ist immer ganzheitlich. Denn Gott »greift sich« den ganzen Menschen, wenn er ihm die Gnade zukommen läßt.
Und immer schon konnte nur der »ganze« Mensch heil sein und heil werden. Dazu gehören die Einheit mit der Natur, das Schauen, Staunen und Begreifen, das Hingehen und das Erfahren: *Der Weg* eben.

[1] Anselm Grün/Michael Reepen OSB: »Gebetsgebärden«, Münsterschwarzach 1988, S. 53f.

Konrad von Parzham und sein Wirken in Altötting

Nahezu untrennbar verbunden mit der eigenartigen Wunderkraft von Altötting ist das Leben und Wirken des Bruders Konrad von Parzham. Den Ort Parzham findet man im Rottal, etwa zwischen Bad Birnbach und Bad Griesbach. Der Aufenthalt in einem der Bäder mit dem wundersamen heilenden Wasser läßt sich also leicht mit dem Besuch von Parzham verbinden, liegt die Gegend doch inmitten der denkbar herrlichsten Marienwallfahrtsorte.

Im Jahre 1818 wurde Konrad von Parzham geboren. Der spätere »Heilige Bruder Konrad« hieß damals allerdings noch Johann Birndorfer. Auf dem »Venushof« von Parzham hat er das Licht der Welt erblickt. Und in St. Wolfgang bei Griesbach ist er getauft worden.

Der Mann Gottes, der heute im Rottal und natürlich in Altötting allgegenwärtig ist, war zunächst Jungbauer, später dann wurde er als Dreißigjähriger in das Kloster Altötting bei den Kapuzinern aufgenommen.

Hier, im einfachen Dienst am Menschen und Mitmenschen, fand er die Verbindung zwischen Erde und Himmel, zwischen Jetzt und Dann, 41 Jahre lang versah er den Pfortendienst am dortigen St.-Anna-Kloster.

Die Pforte, die er hütete, ist ihm sicher das goldene Tor zur anderen, zeitlosen Welt geworden. Sein Leben dauerte bis ins Jahr 1894. Es wird vom frommen Menschen glaubwürdig berichtet, daß bei seinem Tod »goldene Blasen« aufgestiegen seien – direkt in den Himmel hinein. War es so, oder war es nicht so? Jedenfalls ist die Geschichte so schön, daß wir sie hier festhalten wollen.

Im Jahre 1930 hat man den ehrwürdigen Konrad seliggesprochen. Schließlich, im Jahre 1934, unter Papst Pius XI. die größte irdische Ehre, die einem Sterblichen zuteil werden kann, die Heiligsprechung!

Das aber sind nur die Eckpfeiler eines Lebens, das durch die bedingungslose Hingabe zu Gott »schon zu Lebzeiten« zur Legende geworden ist.

Darstellung eines Pilgers aus alter Zeit

Bruder Pförtner

Eine Klosterpforte bedeutet den Dreh- und Angelpunkt zwischen Innenwelt und Außenwelt, zwischen Nöten des Irdischen und Hilfe des Glaubens, zwischen Verzagen und Hoffen, schließlich auch zwischen Geborgensein und Einsamkeit mit sich und der Welt. Hierher kamen sie alle, die etwas brauchten, sei es für den Leib oder für die Seele. Manchmal halt auch für beides.

Hans Dieter Huber erzählt in einer Schrift des Bonifatiuswerkes: »... an die Pforte kamen die Bettler, die Handwerksburschen, die Kinder, die Wallfahrer, die Trostsuchenden und wer noch alles, um sich dort unentgeltlich Speise und Trank abzuholen, Wallfahrtsbilder und Kreuze oder um die Patres zu erreichen ...«[1]
Und wir erfahren, was es da an weltlicher und an »geistiger« Nahrung gegeben hat: »Nach Klosteraufzeichnungen aus dem Jahre 1880 wurden wöchentlich an der Pforte 70–80 Laib Schwarzbrot, der Laib zu acht Pfund, verschenkt. 38 000 l Nachbier galt es jährlich an die Klosterpforte zu schleppen ...«[2])
Wollen wir, die wir bei Bruder Konrad das Phänomen »Wunder« im Auge behalten, einen Blick auf die Seligsprechungsakten werfen. Solche Unterlagen, die zum Prozeß der Seligsprechung nötig sind, gliedern sich in mehrere »Positiones«.
Harald Grochtmann erklärt hierzu: »In der Positio über die Wunder wird zunächst auf den Seiten 1–10 die Geschichte der Heilung und der Gesundung bezüglich des ersten Wunders bei der Kunigunde Apfelbacher, das gleiche auf den Seiten 11–18 bei der Elisabeth Erl geschildert.«
Die Überschriften lauten:

»Miraculum Primum

Instantaneae perfectaeque sanationis Cunegundis Aepfelbacher ab ulcere mago, inveterato, varioso, incurabili.

Miraculum Alterum

Instantaneae perfectaeque sanationis puellae quadrimulae Elisabeth Erl a congenita impotentia standi et ambulandi parta a rachite.«[3]
Im Folgenden erklärt Grochtmann, daß es sich in ersterem Fall um das Heilungswunder an einem »großen, fest eingewurzelten abgewandelten, unheilbaren Geschwür« gehandelt hat, in dem zweiten Fall aber um ein vierjähriges Mädchen, welches an gleichzeitiger Unfähigkeit des Stehens und des Gehens leiden mußte, herrührend

[1] Hans Dieter Huber: »Bruder Konrad von Parzham«, hrsg. v. Bonifatiuswerk, Paderborn 1994, S. 46
[2] ebenda
[3] Harald Grochtmann: »Unerklärliche Ereignisse, überprüfte Wunder und juristische Tatsachenfeststellung«, Paderborn 1989, S. 175 ff.

Güte, Menschlichkeit, Wunderkraft: der fromme Pförtner Konrad von Parzham

von einer Rachitis, wobei ebenfalls eine »sofortige und völlige Heilung« erfolgt ist.[1]
Bei all den »Wundergeschichten«, die von Konrad überliefert und bezeugt sind, hat sicher das »Wunder der Menschlichkeit« alles überwogen.

[1] Harald Grochtmann, a.a.O., S. 175 f.

Da erzählt Fritz Meingast eine Geschichte, wie drei Handwerksburschen geplant haben, den Bruder Konrad niederzuschlagen und auszurauben. Sie provozierten einen Streit und schleuderten deshalb einen Teller Suppe vor die Füße des frommen Beters.
Was tat der? Er hat sich gebückt und die Scherben aufgehoben. Die Rowdies aber hatten jetzt das »Wunder der Menschlichkeit erlebt« und sind, von dieser »sanften Aggression«[3] völlig überwältigt, von dannen gezogen.
Dem Bruder Konrad aber war ein schöner Tod beschieden. Am 21. April 1894 hat er lächelnd und in dem himmlischen Frieden, den wir alle suchen, sein erfülltes Leben an denjenigen zurückgegeben, der es ihm geliehen hatte.

Altötting – Ort der Wunder und der Erdkraft

Altötting ist der größte und zugleich auch der bedeutendste Marienwallfahrtsort Deutschlands. Von München aus führt der Weg des Pilgers dorthin immer gen Osten, der Wunderort liegt genau zwischen der Landeshauptstadt und Passau. Nach Altötting tut sich dann das erdgebundene Rottal auf, und es öffnet sich das Tor zum Bayerischen Wald.
Die kolossale Wunder-Kraft und die innige und ungebrochen ehrliche Marienverehrung dieses Fleckchens Erde in Inn-Nähe strahlen weit hinein in die Kirchen Niederbayerns. Sie befruchten die Mystik des Bayerischen Waldes und die Glaubensschwere all der bodenständigen romanischen Kirchenbauten Ostbayerns und des »Waldes«.
Letztlich wäre es kein »Wunder«, wenn der fast körperlich greifbare Wunder-Glaube Altöttings, die gläubige Hingabe an das »Eingreifen Gottes in den Ablauf des Menschenlebens« das ganze Land beeinflußt hätten, wenn nicht gar die gesamte Welt.

[3] Fritz Meingast: »Unsere bayerischen Nothelfer«, München 1982, S. 119

Dieser heilige, magische Ort zwischen Inn und Salzach, an den westlichen Ausläufern von Rottal und Innviertel gelegen, »strahlt« wirklich –
Nicht nur im übertragenen Sinne ...

Schon 748, unter Herzog Tassilo III., wird Altötting urkundlich genannt als Amtshof Autinga. Es wird berichtet, der heiliggesprochene Missionsbischof Rupert von Salzburg habe hier am Anfang des 8. Jahrhunderts einen Tempel, der sieben Planetengöttern geweiht war, in eine christliche Kirche umgewandelt.
Der Zentralbau des Wunderortes, die Taufkapelle, ist vermutlich eine Nachbildung des Heiligen Grabes in Jerusalem. David Luczyn spricht nicht zu Unrecht von dem »energetischen Schauer dieses Ortes«.[1]
Bevor wir uns aber dem Inneren der achteckigen, schwarz ausgestatteten Taufkapelle zuwenden, dem sichtbar-heiligsten (für den Kenner wohl eher magischsten!) Ort Deutschlands mit der nachgewiesenermaßen stark ausgeprägten und konzentrierten Strahlenenergie, wollen wir das Wesentliche der Entstehungsgeschichte betrachten:
Schon damals im 8. Jahrhundert soll die turmartige Kapelle in Achtecksform bestanden haben, die sich jetzt die »Innere Kapelle« nennt. Der Führer von Altötting weiß zu berichten: »Ihre ursprüngliche Eigenschaft als Taufkapelle leuchtet auch aus der alten Volkslegende, nach der St. Rupert von Salzburg (gest. um 720) sie erbaut und dort Herzog Odo getauft haben soll. 1228 gründete Herzog Ludwig der Kelheimer ein neues Chorherrenstift mit einer Kirche S. Maria und S. Philipp; in der Folgezeit scheint das Patrozinium S. Maria an die Kapelle auf dem Platz übergegangen zu sein.«[2]
Ganz sicher steht dieses Heiligtum auf einem Platz mit fühlbarer Erdstrahlung. Ein *Ort der Kraft* im wahrsten Sinne! Luczyn weist darauf hin, daß im kleinen schwarzen Rundbau Strahlungsmessungen durchgeführt worden sind und dabei eine signifikante Ausstrahlung feststellbar war.

[1] David Luczyn, a.a.O., S. 131
[2] »Altötting. Heilige Kapelle« (Schnell-Kunstführer Nr. 19), Regensburg 1994, S. 2

Der Bau, der gottlob im wesentlichen, Standort und Grundform betreffend, nicht verändert worden ist, erfuhr allerdings verschiedene Umgestaltungen des Äußeren. So löste etwa im 17. Jahrhundert eine barocke Innenausstattung die frühere spätgotische ab.

Die Marienwallfahrt in Altötting

Das erste Wunder in der Heiligen Kapelle ist 1489 verbürgt. Da die Kapelle zugleich als Zeugnis ältester bayerischer Kultur und allererster Anfänge des Christentums in diesem Raum galt, blieb es nicht lange aus, daß Altötting Andechs als größten Wallfahrtsort Bayerns abzulösen begann.

> »Seit 1491 fanden sich fürstliche Pilger ein; ältestes Wallfahrtsbüchlein von J. Issickemer 1497. Seit 1492 wurde eine besondere Kapellenrechnung geführt, 1517 eine autonome Kapellenverwaltung errichtet. Nach vorübergehendem Rückgang der Wallfahrt seit dem Jahre 1521 als Folge der Glaubensspaltung brachte die katholische Restauration einen gewaltigen Aufschwung ...«[1]

Besonders die Mitglieder des Hauses Wittelsbach tun sich als eifrige Altötting-Pilger hervor. Nun wird der Ort zu einem Zentrum für die großen Politiker und Feldherren der Geschichtsläufe, die hier »spirituellen Ausgleich« suchen – und finden.
Die deutschen Kaiser kehrten von ihren Reichstagen zumeist über Altötting nach Wien zurück, Kurfürst Maximilian I. kommt hierher, auch General Tilly und mit ihm die meisten Feldherren des Dreißigjährigen Krieges suchen immer wieder den seltsamen Kraftort auf. Sollte da die Wunderwirkung der Gnadenstätte gar die Geschichte beeinflußt haben?
Der Raum der Inneren Kapelle, die kultische Verehrung der Schwarzen Madonna in der stofflich und mental dichten Atmosphäre – all das ist ein »Kraftwerk des Spirituellen« und erzeugt eine Stimmung von gedanklicher Komprimierung, der sich keiner entziehen kann.

[2] Schnell & Steiner, Kunstführer, a.a.O., S. 4

Altötting: Kapellenumgang mit Votivgaben

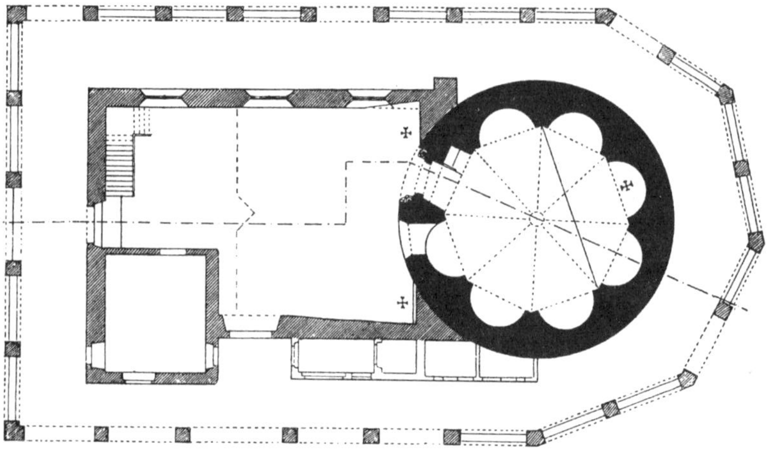

Das 1200 jährige karolingische Oktogon, die »Innere Gnadenkapelle« – eine Mandala der Hingabe, ein »Zauberkreis« des Wunders

Die hier spür- und fühlbare »Aufladung« durch Gebete und Gedanken geht sicherlich auf die zahlreichen Gläubigen zurück, die in schier endlosen Pilgerzügen quer durch die Jahrhunderte hierherkamen. Und der turmartige Kuppelraum tut ein übriges.

Diese Innere Kapelle stellt sich als Zentralbau mit achteckigem Grundriß dar, die starken Mauern aus Tuffquadern tragen zur körperlichen und mentalen Festigkeit des Ortes bei. Sie bilden den Unterbau, über dem sich dann ein zurückversetzter Oberbau erhebt, ebenfalls achteckig, mit achtseitiger Halbkuppel bekrönt. Über diesen Raum schwärmt selbst der sachliche Kunstführer und spricht von »hinreißender Wirkung« (S. 8). Die Madonna selbst (Entstehungszeit wohl Anfang des 14. Jahrhunderts) ist schwarz, und daß »etwas Besonderes« an ihr ist, entgeht keinem einzigen der vor ihr stehenden Pilger.

Wunder sind hier bezeugt wie vielleicht nirgends auf der Welt. Die Gesichter der Pilger, der Hoffenden, der Leidenden und der Geheilten sprechen Bände.

Maria, ihr »Kult«, ihre Verehrung als Jungfrau, all dies findet derzeit, im Zuge des steigenden Interesses an »Göttinnen« und Mond-magie, eine große Beachtung. So berichtet der Band »Mondmacht«:[1]

> »Stellte man ihr [gemeint ist die Himmelskönigin] den Mond zur Seite, so war der Kampf gegen die alten Religionen gewonnen.«

Mag es so sein, daß die Kirche mit der Integration des »Weiblichen« einen guten Schachzug im Hinblick auf ihre Machtentfaltung tat – der wundersamen Ausstrahlung der Altöttinger Madonna tut's keinen Abbruch.
Sie hilft. Sie hilft wirklich.

Ein Abt im Kloster Tegernsee erlebt das Diesseits und das Jenseits »gleichzeitig«

> Jedermann wohl ist das malerisch gelegene Kloster Tegernsee geläufig. Es liegt am östlichen Ufer des tiefgrünen und stets kühlen Sees, etwas nördlich von Rottach-Egern.
> Im Jahre 747 bereits hat dieses Kloster seine Gründung erfahren, und es hat den gewohnten Weg der Wirrnisse gehen müssen: Brände, Umbauten, Einstürze, Neukonzeptionen. Denn ein Kloster steht »in der Zeit«, die Zeit aber bleibt nicht stehen. Oder doch?
> Wer das Kloster in ruhiger Minute betrachtet und das Innere des Kirchenraumes auf sich wirken läßt, den umweht vielleicht ein Hauch von der zeitlosen Erhabenheit des Seins ...

Die Frage nach der Zeitlosigkeit, nach der Ewigkeit als Urfrage aller Theologien und Philosophien mag sich hier leicht einstellen. Früher kamen Pilger hierher (auch Herr Walther von der Vogelweide war darunter), heute sind es Ausflügler. Der Sonntagstourist möge sich die Mühe machen und die paar Schritte von der Kirchenpforte zum See hinuntergehen. So mag gar manchen der Gedanke beschleichen: »Was wäre, wenn sie stehenbliebe, die Zeit?«

[1] Christiane Hermann-Lisi: »Mondmacht«, München 1996, S. 88

Vor vielen, vielen Jahrhunderten lebte an diesem Ort der Abt Heinrich vom Kloster Tegernsee. Dem ist das echte Wunder des Stillstandes der Zeit widerfahren. Wir »modernen« Menschen sind erst seit dem Auftreten der Relativitätstheorie in der Lage, über »Gleichzeitigkeit« ein klein wenig nachzudenken. Dem Gläubigen aber, dem mystisch sich Versenkenden gar, ist »Zeit« immer schon relativ.

Zurück zum Abt von Tegernsee. Einer alten Erzählung nach war es diesem gegeben, »himmlische Gesichte« zu schauen. Und am Vorabend des Festes Mariae Verkündigung erschien der fromme Mann weder zum Mittag- noch zum Abendessen im Refektorium.

Die Mönche wurden unruhig. Aber keiner wagte, an die Tür zu klopfen. Ein Abt ist schließlich eine Respektsperson, die stört man nicht so nach Gutdünken.

Aber dann machte man sich doch zu viele Sorgen. Da nahm sich der älteste Pater ein Herz und pochte an die Tür: keine Antwort – Mit einem Ruck riß er die Tür auf und trat ein.

Er fand den Abt auf dem Boden kniend, den Arm ausgestreckt, die Hand zusammengeballt. Aus der Höhlung der gekrümmten Finger flackerte ein rötlicher Schein:

Das war eine noch brennende Wachskerze, die war vollends heruntergebrannt bis in die Hand hinein. Den Abt störte das nicht. Er fühlte keinen Schmerz. Da rüttelte der Pater ihn wach.

Der Entrückte kam erst nach langer Zeit wieder »zu sich«. Verwundert fragte er, was man von ihm wolle. Den Pater sah er dabei an, als würde er ihn zum erstenmal im Leben sehen.

Für ihn, den himmelsseligen Abt, war die Zeit tatsächlich stehengeblieben. Er war in eine Zeitform eingetaucht, die wir hier auf Erden nicht kennen (oder uns schwertun, diese anzuerkennen).

Während auf der Welt sein Körper dem »Ablauf« der zeitlichen Dinge unterlegen war, wie etwa dem Abbrennen einer langen Wachskerze, waren sein Geist und seine Seele in die so ganz andere Welt gewandert.

Wohlan, eine »Pilgerreise«, wie sie einem frommen Mann zusteht.

Der Pater mußte nun lange auf ihn einreden, um ihm klarzumachen, was geschehen war:

Daß er nämlich in höchster Verzückung dagelegen haben müsse und daß die Wachskerze, von der man wisse, wie lange sie zum

Kloster Tegernsee: Hier blieb dereinst die Zeit stehen, und ein Abt sah in den Himmel hinein.

Abbrennen brauche, inzwischen »in seine Hand hinein gebrannt« sei.[1]

Darauf beteuerte der brave Abt, er habe sich »eben erst« niedergekniet.

[1] Gisela Schinzel-Penth: »Sagen und Legenden um Miesbach und Holzkirchen«, Frieding 1995, S. 220–222

Und doch: Er wußte nun von den Herrlichkeiten des Himmels zu erzählen, von Licht, Freude und Wohlergehen. Er hatte Gott geschaut. Seine Begeisterung war grenzenlos.
Die Kunde vom Besuch des Abtes in der Ewigkeit verbreitete sich alsdann wie ein Lauffeuer. Man verehrte ihn im gesamten Umkreis wie einen Heiligen.
Der Sage nach muß sogar seine Leiche unversehrt geblieben sein, was sich später, lange nach seinem Tod, herausgestellt hat. Als nämlich für das Kloster der herrschaftliche Eiskeller angelegt werden sollte, fand man den Frommen – unverwest! Inzwischen war aber so viel »Zeit« vergangen, daß ihn kein einstiger »Zeit«-Genosse mehr hätte identifizieren können. Alle waren längst tot.
Woran man also die Leiche wiedererkannte? An dem goldenen Abtkreuz, von dem es überlieferte Kunde gab.
Aufhebung der Zeitlichkeit ist für uns wahrlich »Normal-Sterbliche« ein Wunder, aber bereits Jesus spricht davon, wenn er die Kraft des Gebets erklärt:

> »Darum sage ich euch: Alles, was ihr bittet in eurem Gebet, glaubt nur, daß ihr's empfangt, so wird's euch zuteil werden.«
>
> (Mk 11,24)

Stets war es das Ziel der Mystiker, in andere Zeitebenen – eben in die Ewigkeit! – einzutauchen.
Und oft hat ein »Wunder« den dünnen Vorhang von der Gegenwart hin zur Zukunft ein wenig beiseite geschoben. Denn das Wunder ist in sich selbst *zeitlos.*
Louis von Zschock schreibt: »Vergangenheit und Zukunft sind zeitlich nicht voneinander getrennt. Es ist vielmehr unsere auf sinnliche Wahrnehmung gestützte Erfahrung, die diese Trennung bewirkt. Dieser zufolge treten eben künftige Ereignisse materiell-körperlich nicht zutage, bevor die ›Zeit gekommen ist‹. Vergangene Ereignisse treten nicht mehr hervor, weil ›scheinbar ihre Zeit abgelaufen‹ ist. Die Wirklichkeit ist anders.«[1]
Die Wirklichkeit ist ewig im Jetzt.

[1] Louis von Zschock: »Zu neuen Seinsdimensionen«, S. 39

Karfreitagsgeschehen in Mindelstetten – Die begnadete Anna Schäffer sieht den hl. Franziskus und den Heiland

Im oberbayerischen Landkreis Eichstätt liegt Mindelstetten. Man findet das Dorf etwa nördlich von Neustadt an der Donau und östlich vom Köschinger Forst. Ein Stück weiter, südwestlich Mindelstettens, liegt Ingolstadt.
An einem bestimmten Tag im Jahr, nämlich am St.-Anna-Tag (26. Juli), kann die Kirche des Ortes die Gläubigen nicht mehr fassen. Kein Wunder: denn es geht um Wunder, Wunderwirkungen und Gebetserhörungen.

Am 18. Februar 1882 wurde hier in Mindelstetten Anna Schäffer geboren. Vier Jahre vorher war das Sozialistengesetz in Kraft getreten, und vier Jahre später, 1886, starb König Ludwig II. im Starnberger See. Zeit der Veränderungen, der Umbrüche. Nicht in Mindelstetten. Hier im Dorf wurde Anna auch die »Schreiner Nandl« geheißen, denn ihr Vater war Schreiner. Demgemäß lebte die ganze Familie in recht armen Verhältnissen.
1894, also mit zwölf Jahren, geht Nandl zum erstenmal zur Hl. Kommunion.
Was für ein gewaltiger Einschnitt im Leben eines übersinnlich begabten Menschen muß die Erstkommunion sein, die Einverleibung des Höchsten! Und so bietet sie denn gleich dem Heiland ihr Leben als Opfer an.
Sie ist nun 13 Jahre alt, heute würde man sagen, sie befindet sich in der Pubertät, der Zeit der Transformation. Nandl geht nach Regensburg und bewährt sich als Dienstmädchen.
Noch ist nicht zu ahnen, daß ihr Leben bald mit dem der Therese von Konnersreuth, der Anna Lindmayer, Columba Weigl, gar mit dem der großen Mystikerin Theresa von Avila vergleichbar sein wird. Wer könnte jetzt schon ahnen, daß im Andenken an ihr Leben, ihre wunderbare Fürsprache erbittend, bald Tausende die Kirche stürmen werden?
Wunder sind dann immer möglich, wenn die Kunst des Loslassens geübt wird. So war es bei Franziskus und selbstverständlich bei Jesus selbst. Nicht umsonst hat die Armut einen so hohen Stellenwert im Leben der Gottvollen.

Doch manchmal auch geschieht die Übung des Loslassens durch Zwang. Gott sendet seine Gnade – indem er züchtigt. Und die höhere Macht reißt dem Auserwählten die Dinge einfach aus der Hand: Krankheit, Unfall, Tod. Auch bei Nandl war es so. Ihr blieb nichts übrig, als abzugeben. Denn ein Unfall fesselte sie ans Bett, und ihr Leben war geprägt durch das Erdulden bitterster Armut.
In diesem Falle ist es ein Ofenrohr, das den weiteren Gang der Dinge initiiert.
Anna steigt, hilfsbereit wie sie ist, auf den rutschigen Rand eines heißen Kessels, in dem kochende Lauge brodelt. Sie will das Rohr, das sich über dem Kessel aus der Wandhalterung gelöst hat, zurückdrücken.
Dann stürzt sie ab – mit beiden Beinen hinein in die kochende, dampfende Lauge. Die Brandwunden sind so schwer, daß keines der Krankenhäuser im Umkreis wiederherstellende Heilung leisten kann. Weder in Kösching noch im besser ausgerüsteten Erlangen: Anna bleibt nun, ihrer Jugend und Beweglichkeit beraubt, ans Bett gefesselt. Und damit an schwere Armut.
Nach langem Aufbäumen gegen dieses harte Los lernt sie den Willen Gottes erkennen. Sie »sieht«, was andere nicht sehen.
Dann hört sie den Ruf des Gekreuzigten selber. Und sie bringt ihr Leid der Welt als Sühneopfer dar.
Vielleicht geschah es ihr wie einst dem Ignatius von Loyola, der auch erst im schwersten Wundfieber sein Umkehrerlebnis haben durfte und vom Haudegen zum »Streiter Jesu« wurde?
Was hat Anna »getan«, um so zu leiden? Wir sollen nicht fragen. Für sie kommt die Zeit der Wunder.
1910 eine Vision: Es erscheinen ihr der hl. Franziskus, sogar der Heiland selbst. Damit zeigen sich in Oberbayern vier Jahre vor Ausbruch des Ersten Weltkrieges die wahren Fürsten des überirdischen Friedens. Wunder genug, möchte man meinen.
Denn zentrales Anliegen Christi ist die Nächstenliebe, nicht der Krieg. Und Franziskus hat gesagt:
»Wo Zwietracht herrscht, laß mich Versöhnung bringen ... im Selbstvergessen liegt der Friede.«
Und wirklich: Anna erfährt das Wunder der Stigmatisation, trägt nun die Wundmale Christi, genauso, wie einst Franziskus sie empfangen hat.

Anna Schäffer

Die Pfarrkiche von Mindelstetten kann die Gläubigen an den Gebetstagen (immer am St.-Anna-Tag, 26. Juli) längst nicht mehr fassen.

Im Jahre 1923 erlebt sie das Karfreitagsgeschehen von Golgatha. Annas Leiden verschlimmert sich. 25 Jahre sind nun vergangen seit jenem tragischen Unfall, der einem 19jährigen, blühenden Mädchen das Leben zerstörte. Oder zur Gnade werden ließ. Je nach Standpunkt.

Jetzt aber sind die Beine vollständig gelähmt, ein Rückenmarksleiden mit grausamen Krämpfen tritt auf, andere schwere Leiden kommen hinzu.

Und am 5. Oktober 1925 ist ihre Zeit gekommen. Sie darf sterben. Doch was für eine »Fernwirkung«, über den bald folgenden Zweiten Weltkrieg hinaus und mit Macht hinein in unsere verunsicherte und so verzweifelt suchende Zeit, hat Annas Leben!

Im »Oberbayerischen Kalender 1996«[1] steht: »Nachdem viele

[1] Der Oberbayerische Fest-Täg- und Alte-Bräuch-Kalender 1996, Stockdorf 1995, S. 33

Gläubige in ihren Nöten Anna Schäffer anrufen und immer mehr Gebetserhörungen bekannt werden, leitet der Regensburger Bischof Dr. Rudolf Graber 1973 ein Seligsprechungsverfahren ein.«
Dieses Seligsprechungsverfahren ist nun seit 1977 in Rom anhängig.
Eigenartige Zeit, in der wir leben!
Die Jahrzehnte des kollektiven Unglaubens neigen sich rapide dem Ende zu. Doch nicht Hochmut, sondern Demut wird die Welt regieren.
Nach Prüfung aller Fakten wurde Anna Schäffer am 11. Juli 1995 von Papst Johannes Paul II. der »heroische Tugendgrad« zuerkannt, »das heißt, daß sie weit über jedes Mittelmaß hinausragt«.[1]
7000 Gläubige sind am St.-Anna-Tag im Jahre 1995 gekommen, um bei Anna Fürbitte zu erlangen.
Weit über 12 000 Gebetserhörungen werden registriert und sind als wahre Begebenheiten anerkannt.
Mit einem baldigen Abschluß des Seligsprechungsverfahrens ist zu rechnen.

Die Heilkraft der Grabeserde des Schafhirten Eberhard von Tüntenhausen

Freising, unweit vom neuen Münchner Großflughafen, liegt ungefähr an der nordwestlichen Spitze vom Erdinger Moos. Und welchem Münchner wäre die Domstadt Freising kein Begriff? Heißt es doch korrekt, wenn die »Diözese« genannt werden soll: »Erzdiözese München und Freising«.
Ein ganz kleines Stück nördlich von Freising finden wir den Ort Tüntenhausen auf der Landkarte.

Hier in Tüntenhausen lebte dereinst im 14. Jahrhundert (wann genau, das weiß man nicht) der fromme Schafhirte Eberhard. Der sollte später als »heiliger Eberhard« von Tüntenhausen bekannt

[1] Der Oberbayerische Fest-Täg- und Alte-Bräuch-Kalender 1996, Stockdorf 1995, S. 33

werden. Sein einfaches und bescheidenes Leben mag als beredtes Beispiel gelten, wenn nicht gar als Beweis, daß im Umkreis eines zur Heiligkeit strebenden Menschen sogar die Natur »mitmacht«, daß Schwingungen da sind, denen sich weder Mensch noch Tier entziehen kann. Und das »Wunder« ist nicht weit, vor allem das Wunder des Wachsens, der Heilung und Genesung.

Die Zeiten waren nicht unbedingt heilig im 14. Jahrhundert: die Kirche hatte sich gespalten, es gab den Gegenpapst in Avignon und das sehr unheilige Schisma.

In München tobte in diesem bewegten Jahrhundert der große Stadtbrand, Papst Johannes XXII. sprach König Ludwig dem Bayern vor einem Ketzergericht in Avignon das Herzogtum ab, es gab das Stadtrecht und das Grundgesetz, die Pestilenz und das Judenpogrom von 1349; schließlich endet die recht bewegte Spanne von hundert Jahren des späteren Mittelalters mit dem »Münchner Gnadenjahr« von 1392. Obwohl dieses mit dem wunderträchtigen »Schatz von Andechs« zusammenhängt – die Kostbarkeiten wurden ausgestellt –, hat solch »Gnadenjahr« mit himmlischer Gnade und mit Wundern nichts zu tun gehabt. Eher war es eine üble Geld- und Ablaßschneiderei.

Das alles drang aber nicht bis zum weltgeschichtlichen Bewußtsein des Schafhirten Eberhard. Der lebte einfach vor sich hin, trieb seine Schafe gar manches Mal bis vor die Tore Münchens, ohne sich um die Dinge kümmern zu müssen, die den Gang einer Stadt zur entseelten Großstadt ausmachen. Nebenbei gesagt, München hieß damals »Munichen« und war knapp hundert Jahre alt.

Unser Eberhard war heilig im Sinne des »Heil-seins«, was immer er anfaßte, das erwachte zum Leben oder zu neuem Leben. Und so weiß die Legende über ihn zu berichten, daß stets da, wo er seinen Hirtenstab in den Boden stieß, ein Bäumchen gewachsen sein soll.

Hans D. Leicht fragt in dem Band »Heilige in Bayern«: »Wie kam es dazu, daß ein Schafhirte, und dies nicht in Zeiten des Frühchristentums, als Begnadeter vor Gottes Thron erhoben wurde? ›Bis vor unvordenklichen Zeiten‹ reiche seine Verehrung zurück, liest man in den Akten des Kanonisationsverfahrens.«[1] Nein, ein Fürst

[1] Hans D. Leicht, a.a.O., S. 159

oder Bischof war Eberhard nicht, keiner von Stand. Aber die Kraft des Wunders gedieh in ihm.

Für den liebenswerten und stillen Heiligen, wie Eberhard einer war, ist es geradezu typisch, daß nach dem Tod die Wunder-Tätigkeit erst so recht »losgeht«.

Denn die Zeichen aus einer anderen Welt sprießen oft munter und wahrhaft wundersam aus dem Grab heraus, Blumen ähnlich, die ihre Lebenskraft aus der Erde schöpfen: derselben Erde, zu der alles frei sich bewegend Lebendige irgendwann einmal zurückkehrt.

Die Erde ist nichts Totes, ganz im Gegenteil birgt sie, ähnlich den drei anderen Elementen Wasser, Feuer und Luft, den Urgedanken des Lebens in sich.

Es hatte sich bald bei den Bauern herumgesprochen, daß man Eberhard stets »anrufen« konnte in Zeiten der Not, vor allem dann, wenn das Nutzvieh von Seuchengefahr bedroht war. Nutzvieh war für die Bauern lebensnotwendig, eine Seuche konnte daher ihre Existenzgrundlage vernichten. Aber Eberhard hat geholfen. Man brauchte sich nur an ihn zu wenden. So manches Wunder ist eben erst dann möglich, wenn Vertrauen da ist.

Eberhard war schon geraume Zeit tot, da entstand ein Geraune um die Wunderwirkung seiner Grabeserde. Zunächst war es nur ein Gerücht:

Wer die Erde aus dem Grab nimmt, der erlebt wundersame Spontanheilungen!

Selbst Skeptiker, die »es« zunächst nicht so recht glauben wollten oder sich gar lustig machten, gingen irgendwann hin und probierten aus, was andere empfohlen hatten. Tatsächlich, die Erde aus dem Grab des frommen Eberhard half!

Auch die seriöse Heiligen-Literatur stellte diese Wunder-Wirkung des Grabes nicht in Zweifel:

»Bald hatte es sich, aber nur flüsternd, herumgesprochen, daß das Grab des Heiligen wundersame Kräfte verleihe. Heimlich und meistens zur Nachtzeit entnahmen die Bauern dem Grab Erde und mischten sie unter das Futter ihrer kranken Tiere. Es ist offiziell bestätigt worden, daß die dortige grauweiße Erde das Heilverfahren bei Tieren begünstigt hat.«[1]

[1] Hans D. Leicht, a.a.O., S. 160

Man hat den Bauern erst recht spät die Möglichkeit genommen, Eberhards Grabeserde zu benutzen. Denn 1938 wurden die Gebeine exhumiert und in die Kirche überführt.
Eberhard schläft nun weiter in einem Glassarg, den Kardinal Faulhaber gestiftet hat. Aber Eberhard hilft und heilt immer noch. Man muß nur hingehen, beten, meditieren – und glauben! Sein Gedenktag ist der 28. September.
Am 13. Mai des Jahres 1734 ist Eberhard von Papst Klemens XII. heiliggesprochen worden. Wie oft in diesem Buch über Wunder begegnet uns der 13. Mai!
Wer nach Tüntenhausen fährt, findet dort die Eberhardkirche, einen Bau aus dem 15. Jahrhundert mit Zwiebelturm. Denn des Heiligen Wunderkraft war (und ist) so groß und anhaltend, daß ab dem 15. Jahrhundert der gewaltige Pilgerstrom den Bau einer entsprechenden Kirche notwendig machte.

Edigna von Puch, die Baum-Einsiedlerin, und ein besonders starker energetischer Ort

Weit ist es wirklich nicht von München bis nach Fürstenfeldbruck. Einfach westlich halten, über Pasing, Germering, Eichenau – schon ist man da.
Ein ganz kleines Stück nordwestlich von »Bruck«, da findet sich der kleine Ort Puch. Der aber hat es, im wahrsten Sinne des Wortes, »in sich«.
Hier erwartet den Suchenden auf dem von Gletschern der Eiszeit aufgeworfenen Moränenwall ein Kraftfeld von außergewöhnlicher Strahlung und Wirkung, und eben genau auf diesem Kreuzungspunkt mehrerer geomantischer Kraftlinien, da steht tatsächlich eine Linde, die über tausend Jahre alt ist.
Allein schon dies ist ein Wunder der Natur und der unbändigen Lebenskraft. Wir werden aber, hier und in der näheren Umgebung, eine ganze Menge über Wunder, Erdenergie, Kraft, ja sogar Magie erfahren.

Aus nicht nur einem Grund hat der Ort Puch historische Bedeutung erlangt. Hier soll der Sage nach im Jahre 1347 Kaiser Ludwig der Bayer bei der Bärenjagd gestorben sein – in den Armen eines Bauern. Der »Kaiseranger«, der Ort des Geschehens, trägt heute noch den Namen davon:
»Seine Jagdleidenschaft führte den Kaiser oft zum Kloster Fürstenfeld und in die umliegenden Wälder. Dem Kloster war er in besonderem Maße verbunden ... Kaiser Maximilian I. ließ zu seinem Gedächtnis (an der B 2) bei Puch ein Denkmal errichten. Auf der Rückseite dieses Monuments ist zu lesen: ›Hier starb in den Armen eines Bauern, vom Tode überrascht, am 11. Oktober 1347, Ludwig der Bayer, Römischer Kaiser.‹«
So erzählt es uns Georg Wickles in der Festschrift »Edigna zu Puch«. Er weist in dem Artikel auch auf die sogenannte »Römerschanze« im Pucher Wald hin, eine in Wirklichkeit noch viel ältere Viereckschanze aus keltischer Vorzeit.[1]
Wir Wunder-Suchende wissen längst, daß solch eine Häufung von Besonderheiten (hier um Puch herum werden wir noch mehr finden) niemals nur »Zufall« ist.
Über Edignas Leben gibt es keine historischen Unterlagen und auch keine Akten. Zu lange ist alles her. Trotzdem bleibt sie lebendig – eben auf ihre »heilige« Art.
Sie war die Tochter Heinrichs I. von Frankreich, der als Nachfolger Roberts II. aus dem Hause der Capetinger von 1031 bis 1060 König war. Und weiter erfahren wir noch, daß Edigna zur Heirat gezwungen werden sollte. Da blieb ihr zur damaligen Zeit nur eines: die Flucht.

Unser Interesse aber gilt nun zunächst einer schon von weitem sichtbaren Anhöhe. Gekrönt wird der sehr einladende Ort von einer Kirche in majestätischem Rot, deren betont langer Kirchturm wie eine »Antenne zum All« wirkt. Und bei dieser Kirche steht der über tausend Jahre alte Baum, selbst ein Wunder des »gesunden Lebens und Denkens« und der Kraft des wohlgewählten Standortes.

[1] Geschichte von Puch, in: »Edigna zu Puch«, hrsg. v. Edigna-Verein, Puch 1989, S. 48 ff.

Denn auch das ist niemals »Zufall«: ebendiesen Standort wählte damals der Schutzengel, als er die adelige Königstochter auf ihrer Flucht hierherführte.

Die heilige Edigna – sie lebte in der (aus unserer romantisierenden, weltfluchtsüchtigen Sicht) faszinierenden Glaubenswelt des Mittelalters. Ihre Zeit war die des ersten Kreuzzuges und zugleich in etwa die Zeitspanne, die der heute wieder so interessant werdende Templerorden für seine ersten Anfänge brauchte:
»Sie prägen sich der Phantasie nicht nur als Kreuzfahrer, sondern als etwas viel Rätselhafteres und Beschwörerisches ein: als hochrangige Drahtzieher der Macht, als Hüter eines wunderbaren Schatzes, als Zauberer und Kenner gespenstischer Kräfte, als Bewahrer eines geheimen Wissens.«[1]
Edigna lebte von 1074 bis 1109.
Über den »Aufstieg der Templer« schreiben Baignet/Leigh: »Den meisten Quellen zufolge wurde die ›Arme Ritterschaft Christi vom Salomonischen Tempel‹ im Jahre 1118 gegründet, doch einiges deutet darauf hin, daß sie wenigstens vier Jahre früher bereits existierte.«[2]
Das ist also 1114, fünf Jahre nach Edignas Tod. Verwunderlich wäre es nicht, wenn das geheime Wissen um spirituelle Verfeinerung, Wundertätigkeit und Heilung, das ja eine »geistige Macht« darstellt, auch in einem so feingeistigen Menschen wie Edigna verankert gewesen wäre. Denn geistige Kräfte zeigen sich oft, wie die Geschichte uns verrät, an mehreren Stellen und in mehreren erleuchteten Köpfen.
Zu Lebzeiten der »Baumheiligen« stand Frankreich kulturell an der Spitze von Europa. Sie aber verläßt all den Reichtum und all die höfische Pracht, wie sie ihr in die Wiege gelegt wurden, um in die Fremde zu ziehen und ein Armuts- und Einsiedlerideal zu leben.
Damals war so etwas nicht allzu ungewöhnlich, es gab viele Klausner, Asketen und Einsiedler, nichtsdestotrotz mußte Edignas Ent-

[1] Michael Baignet/Richard Leigh: »Der Tempel und die Loge«, Bergisch Gladbach 1991, S. 79ff.
[2] Baignet/Leigh, a.a.O., S. 81

schluß der Entsagung all jene provozieren, deren Leben und Lebenssinn im permanenten Anhäufen von Macht und Reichtum bestand.

Leben kommt und gehet,
Leben ist nur kurze Zeit,
Wie der Wind in Linden wehet,
Kommt herein die Ewigkeit.

Das sind Verse, die bei den alle zehn Jahre stattfindenden Edigna-Festspielen gesprochen werden. Edigna, ein Name wie ein Programm: denn er bedeutet »sehr würdig«. In der Historienbeschreibung über ihr Leben herrscht einiges Durcheinander, und fest steht eben nur, daß sie die Tochter Heinrichs I. von Frankreich gewesen ist. Pfarrer Mösenlechner stellt in der Edigna-Schrift fest: »Er (Heinrich I.) heiratete um 1050 Anna, die Tochter des Fürsten Jaroslav von Kiew (978–1054). Eine erste franko-russische Verbindung also?«[1])

In ihren Adern, so kann man weiter lesen, floß »westliches und östliches Blut«. Edigna, sozusagen von der Familie her in Dingen entrückter Frömmigkeit »vorbelastet« – denn die Tante ihres Vaters, Aurelia, war, ebenfalls als Einsiedlerin, ins Kloster St. Emmeram bei Regensburg gegangen –, hatte demzufolge ein Gemüt, bei dem jeder religiöse Impuls auf fruchtbaren Boden fiel.

Nachdem sie gegen ihren Willen eine Ehe hätte eingehen sollen, floh sie nach dem Osten und landete in Bayern. Hier ließ sie sich an einem Kirchlein nieder, lebte fortan in der Höhlung einer damals schon alten Linde und in der winzig kleinen Einsiedelei daneben.

Sie betete – und sie wirkte Wunder. Diese Wundertätigkeit wird denn auch ihren hervorragenden Ruf in der Bevölkerung – der bis heute ungebrochen ist! – begründet haben.

Wollen wir uns also nicht in der Historie verheddern, sondern das Wunder erkennen:

Die fromme Adelige floh gen Osten, geriet in Not und Bedrängnis; da half ihr der Schutzengel in Gestalt eines Bauern mit Ochsengespann und Gockel. So wird es auf vielen Bildern dargestellt.

[1] »Edigna zu Puch«, a.a.O., S. 9

Altarfundament und Grabmarkierung. Gefunden 1978/79. Wahrscheinlich handelt es sich dabei um Edignas Grab, das um 1600 gehoben wurde.

Und wieder die Kraft der Erdstrahlung, die Gottesentscheidung, die sich Tieren mitteilt: denn die Ochsen blieben genau an der Stelle stehen, wo die Linde stand und Edigna ihr Klausnerleben führen sollte. Edigna war aufgrund ihrer höfischen Erziehung medizinisch-pflegerisch ausgebildet. Sie half armen Hirten ebenso wie hohen Herren. Vor allem half sie auch dem Vieh. Das Volk aber wußte nichts von ihrer medizinischen Vorbildung. So mußte zwangsläufig vieles, was sie helfend tat und heilend wirkte, als ein Wunder erscheinen. Es handelte sich sicherlich um ein uraltes Heilwissen, aus dem dann, wie immer, wenn jemand guten Willens ist und Gottes Willen zu erkennen sucht, echte Wunder hervorgehen.
Luczyn stellt über die Besonderheit des Ortes rings um die alte Linde fest:
»Es kann angenommen werden, daß an einem solchen Ort, an dem eine Heilige unter so extremen Bedingungen gelebt hat, besondere energetische Verhältnisse herrschen. Kelten und Römer haben übrigens auch schon in Puch gesiedelt, und es gibt eine auffällige Häufung von Keltenschanzen und einen Opferstein in unmittelbarer Nähe.«[1]

[1] David Luczyn, a.a.O., S. 132

Betritt man nun die Kirche, so finden sich links vom Altar in einer Glasnische die Knochen (um das Jahr 1600 wurde das Grab gehoben). Glasaugen stecken im Schädel der heiligen Edigna. Die seltsame Anordnung der Gebeine und der Totenschädel mit den Augen ergeben eine eigenwillige Magie, die wohl wenigen der Betrachter bewußt sein dürfte. Außen an der Linde wiederum, gen Süden gerichtet, kündet eine Tafel:

EDIGNA-LINDE
Im hohlen Stamme dieser Linde
(und in der Klause daneben)
lebte (1074–1109) die selige Edigna.
Tochter Kaiser Heinrichs I. von Frankreich.

Heute noch ist die Stätte um den uralten Baum Ziel vieler Wallfahrten, und zahlreiche Votivtafeln im Inneren der Kirche erzählen uns in der typischen schlichten Sprache von Symbolen und Bildern, daß Edigna immer noch heilt und hilft:
Neben den Gebrechen, die ein Menschenleben schwermachen, sind es in erster Linie Viehkrankheiten, deren sich die selige Frau annimmt. Die Kraft und die Erdstrahlung dieses Ortes sollten in einem weiträumigen Spaziergang erfaßt werden.
Nicht allzuweit von der Linde entfernt, auf dem gut begehbaren Weg von Puch nach Aich, steht die »Pestkapelle«.
Der Überlieferung nach wurde dies Kirchlein auf dem Friedhof errichtet. Und der kleine Hain gleich nebenan wird bis heute aus dem Erdreich aufgeschüttet, das bei der Friedhofspflege übrigbleibt.
Ganz oben auf dem Hügel das Kreuz: »Alte Kruzifixe, Stein- und Wegkreuze stehen meist an energetischen Kreuzungspunkten, das heißt, sie markieren oder fixieren sie.«[1]
Kreuze und Kreuzwege, Aufschüttungen aus Friedhöfen gar, sind energetische Strudel oder »Kreuzungen« und oft mit Vorsicht zu »begehen«. Denn da, wo sich Lebens(oder Todes-)linien kreuzen, herrscht Kraft.
Sowohl die alte Linde als auch der Kalvarienberg in der Nähe sind, besonders an einem Freitag oder gar Karfreitag, solch einen Weg wert.

[1] David Luczyn, a.a.O., S. 17

Edigna: okkulte Symbolik und Christentum

Den ermordeten Einsiedler Englmar umgibt ein heller Lichtschein

Straubing, Cham und Grafenau im Bayerischen Wald bilden genau ein Dreieck, das mit seiner westlichen Spitze exakt nach Landshut zeigt. Inmitten dieses dreieckig markierten Spannungsfeldes liegt der Ort St. Englmar.
St. Englmar liegt damit auch mitten im Bayerischen Wald, dieser »Ur-Gegend« des Mythos, des Wunders, der Erscheinungen, Geister, Teufel, Schutzengel. Über die Abfahrt Bogen der Autobahn Regensburg – Passau ist St. Englmar leicht erreichbar.
Der Wunder-Suchende findet alsdann bald den Kapellenberg. Da steht ein Steinbildnis vom heiligen Englmar, der dem Ort den Namen gab. Und es steht geschrieben in Stein:

Der heilig Vatter Englmar
für uns wöll bitten immerdar,
daß Gott vor Schaden uns bewahr
in schwerer Leibs- und Seeleng'fahr.

So hören wir jetzt von einem Wunder im Bayerischen Wald, von einem ganz und gar hinterhältigen Mord, der aus Neid, Böswilligkeit, Trägheit und Faulheit verübt wurde. Wir hören aber auch davon, daß Körper von gestorbenen Heiligen oftmals gegen Verwesung und Verfall gefeit sind.
Und warum strahlt im Umfeld des Heiligen dieses ganz besondere Licht, jene Aura, die den umgibt, der seinen Geist emporhebt, dessen Denken und religiöses Empfinden ganz einfach »höher schwingt«?

Englmar war ein Eremit, der vor über 1100 Jahren gelebt hat. Er war ein zurückgezogener Mensch, der Gott suchte und fand. Der Graf von Bogen schien ihn zu mögen. Deshalb schickte er dem einsamen Englmar täglich eine Ration an Essen, wozu ein grober Stallknecht beauftragt war. Der hatte das Geheiß, die Nahrungsmittel jeden Tag vom Donautal heraufzuschleppen. Aber der Knecht war ein Lump. Er neidete dem Englmar alles, vor allem den Seelenfrieden. Und arbeitsscheu war der Knecht sowieso.

»Eines Tages, so erzählt es die Legende, war es der Knecht leid. Eine Darstellung in der ›Bavaria sancta‹ aus dem Jahre 1615 zeigt, was dort in der Klause geschah: Während Englmar in sein Gebet vertieft war, näherte sich von hinten jener Bösewicht, der ihm eigentlich die Nahrung zum Erhalt des Lebens reichen sollte, und schlug mit einem gewaltigen Knüppel auf den Eremiten ein, bis dieser keinen Atemzug mehr tat.«[1]

Nach dieser Greueltat verscharrte der Mörder sein Opfer, kratzte den Boden auf, so gut das ging, denn der war hart gefroren, warf dann Reisig über den Erschlagenen, und schließlich schaufelte er frischen Schnee über den Hügel.

Das alles geschah am Fest der Heiligen Drei Könige, also am Anfang des Jahres, mitten im Winter.

Monate später, zu der Zeit, da die Christenheit frühlingsfroh das Fest des geistigen Lichtes feierte, das Pfingstfest nämlich, da stapfte ein Priester durch jene Wälder, in denen der bösartige Mord an dem harmlosen Heiligen geschehen war. Da sah er im Gebüsch einen hellen Lichterschein. Ein Licht, das warm und einladend zwischen den Zweigen hindurchschien, das von stillem, vornehmem Glanz leuchtete und einige Quadratmeter des Waldes wie eine helle Kristallkugelhälfte, die jemand über den moosigen Boden gewölbt zu haben schien, überspannte. Das Licht zog den Priester magisch an, und plötzlich sah er den Ermordeten. Der lag da, als wäre alles soeben erst geschehen, frisch und unverwest schlief der Heilige den ewigen Schlaf, und himmlisches Licht umgab ihn.

Der Priester sah sofort, daß nur der Körper des Erschlagenen tot dalag. Die Seele aber, die war längst im Himmel.

Schnell war nach solch schlimmem Fund der Graf herbeigerufen. Der erkannte seinen einstigen Schützling, den Klausner, sofort. Und der Graf weinte bitterlich. Doch wollte er dem Toten den letzten Dienst erweisen und dafür Sorge tragen, daß Englmar menschenwürdig beerdigt werden möge. Ein Ochsenwagen sollte den Erschlagenen nach Bogenberg an der Donau bringen.

Und wieder geschah ein Wunder, wie es uns in diesem Buch oft

[1] Hans D. Leicht, a.a.O., S. 208 (Anm.: Allen Darstellungen nach wurde Englmar mit einem Beil erschlagen, nicht mit einem Knüppel!)

Der sogenannte »Steinerne Engelmar«
Neben der Post führen Kreuzwegstationen von 1860 den Kapellenberg hinan. Die neuen Darstellungen in Ton (1960) sind von Prof. Tyroller, Straubing, geschaffen. Zwischen der 7. und 8. Station, auf einem Felsen am Waldrand, ein Bildstock von 1723 mit dem knienden Engelmar. Schaft und Sockel tragen die Umschrift: »Der Heilig Vatter Engelmar / für uns wöll bitten immerdar / Das GOTT vor schade unß bewahr / In schwerer Leibs- und Seelengefahr. / Aus Neid dein Mit-Gesell / Erschlug ihn an der Stell / Fragst wann: o fromme Seel / Tausend und Hundert zehl.«

schon begegnet ist: Tiere nämlich spürten den »Punkt« Erde auf, der nach Gottes Willen für eine bestimmte Sache vorgesehen ist.
In diesem Fall fanden die Ochsen den Platz für das Grab und damit die Grabeskapelle. Denn das Zuggespann blieb an einer Stelle stehen, rührte sich nicht mehr vom Fleck und war durch nichts zu bewegen, den Totenkarren weiterzuziehen.
Es ist schon auffällig, wie oft in Bayern Tiere »bockten« und damit den richtigen Platz für einen Ort der Heilung oder der Heiligkeit markierten.
Nachdem die Ochsen jede Weiterfahrt verweigert hatten, wertete der weitsichtige Graf dies als Zeichen, daß Englmar hier, an genau dieser Stelle begraben werden sollte.

Die letzte Ruhestätte des heiligen Englmar wurde weiter von Wundern umgeben: denn aus der kleinen ersten Grabcskapelle drang zur Nachtzeit ein Lichtschein, für den es keine Erklärung geben konnte, da im Inneren des Raumes weder eine Kerze brannte noch eine Fackel.
Es leuchtete eben des Entschlafenen Himmelslicht: ein Licht, in dem längst schon sein »anderer« Körper weilte, ein Licht, das aber auch auf dieser Welt dem sichtbar »schien«, der glaubte.
Heute noch ist im Bereich der Kirche das Licht des Heiligen spürbar, erspürbar, erkennbar, besonders zur Nachtzeit und ebendem, der Bereitschaft zeigt, Ungewöhnliches zu erkennen.
Pfingsten, Fest der Ausgießung des Geistes, Fest des kosmischen Lichts! Seit 1100 Jahren und länger, seit dem Tod des Eremiten also, lebt dort im Bayerischen Wald der Brauch des Englmari-Suchens. Dann durchforsten Burschen den Wald nach einer Holzfigur des Englmar und bringen diese, wenn sie sie gefunden haben, mit einem Wagerl zum Platz vor der Kirche. Immer am Pfingstmontag.
So »lebt« er wirklich weiter, der wundersame Einzelgänger aus dem Wald. Sein Gedenktag ist der 14. Januar. Wer das Wunder sucht, möge ihn um seine Fürbitte »auf waldlerisch« anrufen:
»Der heilig Vatter Englmar für uns *wöll* bitten immerdar ...«

Therese (Neumann) von Konnersreuth – Stigmatisierungswunder in der Oberpfalz

> »Die Kirche ist gar nicht so wundergläubig und wundersüchtig, wie man es oft annimmt. Sie ist viel kritischer, als es manchen erscheint (und manchen lieb ist).«[1]

Konnersreuth liegt in der Oberpfalz, nicht weit weg von Viechtach. Zwischen Waldsassen und Marktredwitz, ziemlich genau in der Mitte, im Fichtelgebirge also, findet man den Ort, von dem

[1] Wilhelm Schamoni: »Wunder sind Tatsachen«, Würzburg 1976, S. 1

wohl bis heute kein Mensch reden würde, wenn ..., ja wenn da nicht die Therese Neumann gelebt hätte. Nach deren Stigmatisation ist der Ort zu einem Schlager in der Sensationspresse vor allem der fünfziger Jahre geworden. Und bis heute sorgen die »Wunder« von Konnersreuth neben der kontroversen Diskussion und einer wahren Schrifttumsflut weiter für Aufsehen.

Am 8. April 1889 wurde Therese geboren – an einem Karfreitag nachts, kurz vor zwölf Uhr. Sie war das älteste von elf Kindern. Pfarrer Josef Naber, seit 1909 Pfarrer in Konnersreuth, hat später berichtet, daß ihm die religiöse Aufgeschlossenheit Thereses gleich aufgefallen sei.
Über die späteren Visionen und Leiden berichtet ein Augenzeuge:

> »Waren die Minuten der Vision vorbei, lag die Gepeinigte stöhnend, wimmernd in den Kissen, bis eine neue Vision sie hochriß und erneut einem herzzerreißenden Leid auslieferte ... Blutige Tropfen sind an Wangen und Kiefern festgeronnen bis zum Hals, Bluttropfen färben das Hemd, die Ekstatische weint Blut. Auf ihren vorgestreckten Händen leuchten zwei rote, erhabene Male, die Nägelmale des Herrn ...«[1]

Was ist die »Stigmatisation« für ein seltsames Wunder.
Die Frage, ob dahinter tatsächlich Gott als Ursache zu finden ist, ob es sich also, wie von den »Wundergläubigen« rückhaltlos angenommen, um ein religiöses Wunder handelt oder aber um ein körperlich-psychisches Phänomen, wenn nicht (im schlimmsten Falle) gar um Betrug – wer wird die Fragen je beantworten können?
Und im Falle der »Resl« von Konnersreuth scheiden sich die Geister schon immer: da die Befürworter, dort die kopfschüttelnden Ablehner.
Wir wollen beiden recht geben. Wer dieses Buch in Händen hält, der ist wohl dem »Wunder« gegenüber aufgeschlossen, und Wundersames hat sich um Therese von Konnersreuth allemal ereignet. Lassen wir uns einfach hineinfallen in den Teil ihres Lebens, der so alles, wirklich alles in ihrem Dasein verändert hat. Das gilt nicht nur für sie selber, sondern auch für eine ganze Region.

[1] Max Rößler: »Therese von Konnersreuth«, Würzburg o.J., S. 13 – vgl. auch P. Bonifatius Günther: »Wahre und falsche Mystik«, Jestetten 1976, S. 25

Therese von Konnersreuth

Wir befinden uns in der Fastenzeit des Jahres 1926. Schon während der Faschingszeit ist es der Therese recht schlecht gegangen. Kopfschmerzen, Geschwüre am Ohr.
Visionen hatte sie schon immer, und oft hat sie die Leiden Christi betrachtet. Sie kann sich, wie ganz wenige Menschen auf Erden es können, restlos in den Herrn und seine Martern der letzten Stunden hineinversetzen. Von Donnerstag auf Freitag der ersten Fastenwoche liegt sie wach.

Später wird Anni Spiegl, eine Frau, die Therese gut gekannt hat, in ergreifend schlichter Sprache die sich überstürzenden visionären Ereignisse niederschreiben:

> »Plötzlich schaute sie den Heiland am Ölberg, sie schaute den Garten, sah die drei schlafenden Jünger. Es erfaßte sie ein großes Erbarmen und ein heftiges Mitleid. Da schaute sie der Heiland gut an. Dabei empfand sie so großen Schmerz in der Herzgegend, daß sie meinte, sterben zu müssen. Gleichzeitig fühlte sie es warm aus dem Herzen rinnen.«[1]

Offensichtlich war Therese durch eine eigentümliche religiöse »Begabung« vorgesehen, die Leiden von Jesus mitzuerleben.

> »Von Gründonnerstag auf Karfreitag schaute Resl das ganze Leiden Christi bis zur Kreuzigung ... Nun war nichts mehr zu verheimlichen, die Herzwunde, die sehr breit und tief war, blutete heftig. Auch zeigten sich zum erstenmal die Wundmale an Händen und Füßen.«[2]

Von nun an, da Jesus wortwörtlich in das Leben der Therese getreten ist, soll nichts mehr bleiben, wie es war. Sie selber kann die Wunden zunächst nicht deuten, von Stigmatisierung hat sie noch niemals etwas gehört.
Sie erlebt alles selber mit, am eigenen Körper spürt sie es, was die Menschheit dem Erlöser angetan hat in seinen letzten schmerzvollen Stunden bis zur Hinrichtung und dann all die Augenblicke bis zum Tod.
Sie will darüber schweigen, auch Jesus hat übrigens nach seinen Wundertaten ein Schweigegebot ausgesprochen.
Aber die ganze Welt erfährt davon.
Freitage wurden ihr zu Kreuz-Tagen, sie erlebte sogar den Erstickungstod am Kreuz mit. Sie ißt nicht, scheidet nichts aus, über Jahre hinweg. Sie erlebt Bilokationen (an zwei verschiedenen Orten gleichzeitig sein). So wird berichtet: »Als Papst Pius XII. starb, war Resl in seinem Sterbezimmer.«[3]
Therese spürte den Segen von Priestern, auch wenn sie den Spender des Segens nicht sah, sie konnte Hostien in Kirchen »erkennen«

[1] Anni Spiegl: »Leben und Sterben der Therese Neumann von Konnersreuth«, Jestetten 1993, S. 43f.
[2] Anni Spiegl, a.a.O., S. 44
[3] ebenda, S. 51

und wußte um die Echtheit von Weihestätten. »Hier ist der Heiland!« sagte sie beim Vorbeifahren an einem Gotteshaus, denn sie ahnte, ob eine geweihte Hostie dort war oder nicht.
Die Berichte über ihre Visionen, niedergeschrieben nach Protokollen und akustischen Aufzeichnungen, vor allem »Licht-Visionen« und »Visionen aus Heiligenleben«, füllen Bände.
Kann man hier von Wundern sprechen, oder waren es Absonderlichkeiten eines religiös exzentrischen Wesens, das dann von den Angehörigen regelrecht ausgenutzt wurde? Therese starb 1962. Wahre Touristenströme landeten »in ihrem Zimmer«, die Wallfahrt nach Konnersreuth nimmt bis heute kein Ende.
Wir wollen nicht zweifeln. Sei es, wie es sei; was wahr ist oder nicht, weiß halt nur der liebe Gott.
Denn der Zweifel hat noch selten jemanden gesund gemacht oder einer spirituellen Erfahrung zugänglich. Hören wir nochmals Wilhelm Schamoni:

> »Wer in der Überzeugung lebt, daß der Urgrund der Welt nicht eine letzte Ur-Sache ist, sondern ein persönlicher Urheber, dem fällt der Gedanke nicht schwer, daß dieser Schöpfer aller Wesen und Dinge die von ihm geschaffenen Möglichkeiten überbieten und so möglich machen kann, was nach dem gewöhnlichen Lauf der Dinge unmöglich wäre (...) Wir nennen solche Überhöhungen der geschaffenen Möglichkeiten durch ihren Schöpfer WUNDER ...«[1]

Und über die »Redlichkeit« des spektakulären Geschehens um Therese von Konnersreuth sowie über die Übereinstimmung mit der Glaubens- und Sittenlehre der Kirche hat der einfache Landpfarrer Naber, Thereses geistlicher Beistand, gesagt:
»Solange nichts gegen Glaube und Sitte verstößt, braucht man das Außergewöhnliche nicht abzulehnen und nicht dagegen einzuschreiten.«[2]

[1] Wilhelm Schamoni, a.a.O., S. 377
[2] P. Bonifatius Günther, a.a.O., S. 29

Drei geheimnisvolle Pilger finden einen goldenen Ring, und sogleich sprudelt die Quelle aus dem Boden – Weihenlinden bei Tuntenhausen

Nicht weit von Bad Aibling weg, nämlich sechs Kilometer nördlich, liegt der bekannte Wallfahrtsort Tuntenhausen mit dem »Gnadenbild der mächtigen Jungfrau Maria Virgo Potens«.
Ein Besuch lohnt immer – aber der Abstecher zum nahe gelegenen Weihenlinden (das sind nur wenige Kilometer Richtung Süden) ist für den Freund und »Genießer« zart-poetischer Wundergeschichten wirklich lohnend!
Am besten ist es, die beiden Gnaden- und Wunderorte an einem Tag zu besuchen und alles mit einem meditativen Spaziergang zu verbinden. Dieser Weg des Erkennens darf durchaus in dem herrlichen schattigen Biergarten gegenüber der Wallfahrtskapelle von Weihenlinden enden.

Schon von weitem her grüßt den ankommenden Pilger der Doppelturm der Kirche. Doch da, wo heute diese Kirche von Weihenlinden steht, nämlich im ebenen Wiesen- und Ackerland östlich des alten Pfarrdorfes Högling, da befand sich zu Beginn des 17. Jahrhunderts der »Weichlindengarten«, ein abgegrenzter Platz nämlich, auf dem zwei (geweihte?) Linden die Gräber zweier vornehmer Herren bewachten. Dem Platz ward von alters her eine besondere »Kraft« nachgesagt, die heute noch spürbar ist.
Während der grausamen Not der Schweden- und der Pestjahre 1632/34 hat die Pfarrgemeinde Högling, als Gelübde sozusagen, den Bau einer Kapelle versprochen.
Als man dann 1643 das Gelübde erfüllen wollte, geschah Mysteriöses. Wie sollte es an solchem Wunderort auch anders sein?
Folgendes wird berichtet:
Die Arbeiter gruben an dieser geheimnisvollen Stelle mit viel Mühe nach Wasser, das sie für den Bau benötigten. Aber umsonst. Schließlich gaben sie das Vorhaben auf.
Da erschienen in der Ferne drei Pilger, deren fremdartige Erscheinung so ganz und gar mit dem magischen Mantel des Geheimnisses umhüllt war. Jene Fremden beherrschten die heilende, wunder-

Wallfahrts- und Pfarrkirche Weihenlinden

wirksame Kunst des Wortes. Sie sprachen zu den Arbeitern, munterten die Entmutigten auf, segneten sie.
Mit neuem Mut gruben die Männer weiter. Noch ein Stück ...
Bald darauf begann munter eine Quelle zu sprudeln.
Doch nicht nur das. Ein Wunder-Ring wurde gefunden, gleich in der Nähe des heilenden Quellwassers. Wegen der Rundform dieses Ringes hat der Münchner Kapuzinerpater Johann Chrysostomus geraten, die Kapelle »in die Rund zu formieren«.
Der Ruf dieser Gnadenstätte, die, im Gegensatz zu Altötting lichtdurchflutet, gehoben und heiter wirkt, hat sich schnell im Oberland verbreitet.
Wunder sind hier an der Tagesordnung. Die vielen Votivbilder im Arkadenumlauf der Kirche zeugen davon.
Gehen Sie nach einer ausgiebigen Besichtigung in den »Zentralbau des Wunders«, die runde Gnadenkapelle hinter dem Hochaltar. Das typische Dreieck der Madonna mit Goldschleiergewand lenkt den Blick nach vorn - und nach oben.

Dieser Raum »trägt« die Gedanken sofort »hoch«. Außen ist die Anlage achteckig, innen aber, der Ring-Vorlage folgend, ein kreisrunder Zentralbau (1644/45). Oben in der Kuppel öffnet sich lichtspendend eine ebenfalls kreisrunde Laterne mit acht Muschelnischen. Kunstexperten weisen zu Recht auf die Parallele zu Maria Birnbaum hin.
An das Gotteshaus angebaut ist eine kleine Brunnenkapelle, die das Heilwasser spendet. Der Ort »strahlt« aber so gewaltig, daß man alleine schon vom »Hier-Sein« gute Laune bekommt.
Ein kleines Wunder, ein kleines Stückchen Himmel. Der Himmel ist immer schon auf Erden erfahrbar.

Tuntenhausen und das Gnadenbild der Maria Virgo Potens

Tuntenhausen ist eines der »geistigen Zentren« jenes urbayerischen Katholizismus, wie es diesen sonst selten anzutreffen gibt. Nicht nur im religiösen Sinn ist hier einiges los, nein, der Ort hat auch als Quelle bodenständiger konservativer Weltanschauung immer schon Rang und Namen. Überhaupt fällt bei einer Zusammenschau von »Wunderorten« auf, daß die Hochburgen der Marienverehrung zugleich immer auch Zentren des felsenfesten Konservativismus sind.
Tuntenhausen mit dem Doppelturm aus den Jahren 1513 bis 1533 bietet besonders schöne und erzählstarke Votivtafeln und Votivfresken, die an der Außenmauer der Kirche von allen nur denkbaren menschlichen Unglücken, Mißgeschicken – und Errettungen – künden.
Der Überlieferung nach liegt hier der Ursprung der Marienwallfahrt schon im 14. Jahrhundert. Da hat, so weiß es die Legende, ein bayerischer Herzog im Jahre 1334 das Marienbild für »Duntenhausen« anfertigen lassen.
Wunder-schön ist sie, die Madonna von Tuntenhausen. Soviel Anmut »zentriert« das Denken, macht innerlich frei und demütig. Da ist das Wunder nicht weit!

Im Jahre 1441 soll hier das erste Mirakel passiert sein. Seitdem reißt der Pilgerstrom nicht mehr ab. Das Betreten der Gnadenkapelle kann wirklich als ein Eintritt in das Heiligtum bezeichnet werden. Doch lassen wir hierzu den Original-Text einer dort ausliegenden Schrift reden:

Eintritt in das Heiligtum
Basilika Minor seit 1942

Gnadenkapelle und Gnadenbild

Man spürt es. In diesen heiligen Hallen liegt eine Atmosphäre des Gebetes. Ein durchbeteter Raum, ein Ort der Kraft und Stille, eine Einladung zur Andacht.

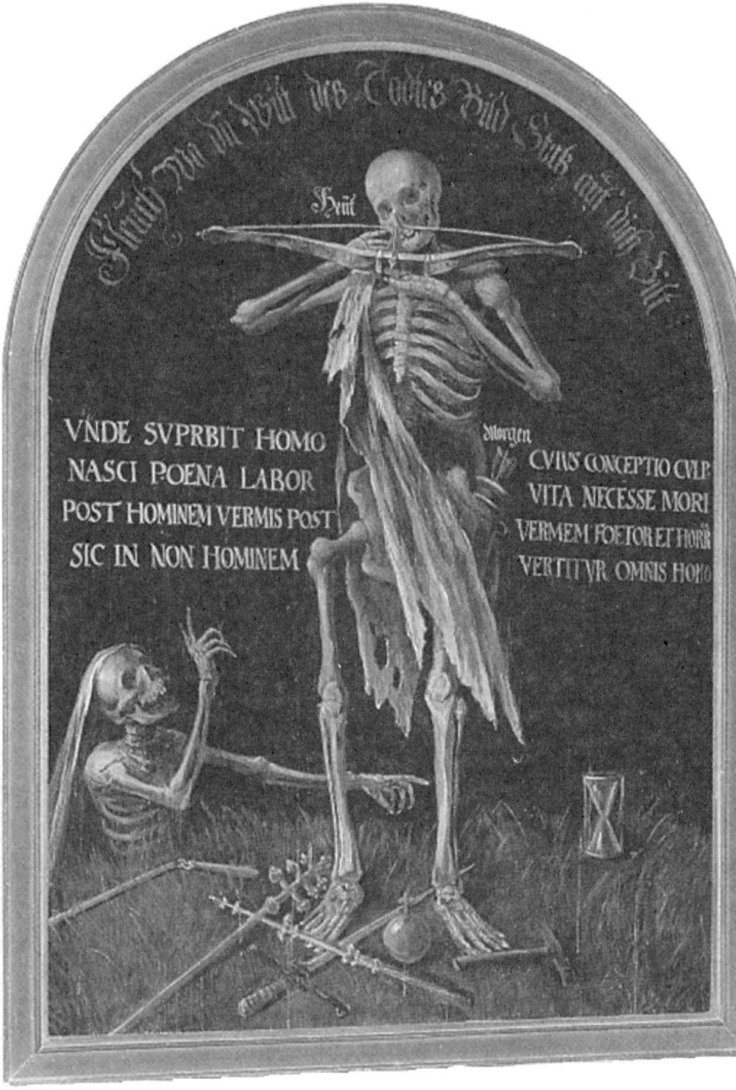

Schwarzer Humor am Wallfahrtsort: »Der Tod von Tuntenhausen« (Tafelbild des 17. Jh.s.)
»Fleuch wo du wilt
des Todtes Bild
Stätz auf dich zilt«:
Leben, Wunder und Tod gehören irgendwie zusammen ...

Eine dreischiffige Halle mit Gewölben und Rahmenstuck der Renaissance empfängt den Pilger. Das Mittelschiff des Langhauses führt ihn hin zum Chorbogen und Eingang der Gnadenkapelle.
Sie ist der umgestaltete Chorraum der gotischen Vorgängerkirche und bildet mit fünf Seiten eines Oktogons die heilige Zone, das Zentrum der Gnadenstätte.
Hierher münden die unzähligen Pilgerwege und Pfade der Wallfahrer seit sechs Jahrhunderten bis heute auf der Suche nach dem Wunderbaren.
(...)
Jede Wallfahrt gilt der Gnadenbildverehrung und der Zuflucht zur Mächtigen Jungfrau Maria, Virgo Potens, von Tuntenhausen. Wenn die Statue reden könnte, würde sie uns viel erzählen von bedrängten und glücklich gewordenen Menschen, die im Gebet zu und mit Maria und dem Jesuskind Trost und Hilfe erfahren haben.
Auch erzählen die vielen Votanten, die sich in gewissem Anliegen zur Mächtigen Jungfrau hierher verlobten, den Hilfesuchenden von heute durch die Votivtafeln in der Runde: »Maria hat geholfen.«

Schutzengel wirken Wunder

Vorüberlegung zur Existenz von Schutzengeln

»Gleich zu Beginn: Engel sind keine pausbäckigen Knaben mit Trompeten und kleinen Flügelchen! Engel sind machtvolle Geistwesen ... Vor dem Menschen als reine Lichtwesen erschaffen, spiegeln sie den Glanz und die Herrlichkeit Gottes wider, der das Licht ist.«[1]
»Sie sind reine Geister ... Wenn sie dem Menschen erscheinen, machen sie sich durch einen Scheinleib sichtbar.«
»Gott hat uns einen Schutzengel gegeben, damit er uns in Gefahren und Versuchungen hilft ... Wir sollen vor ihm Ehrfurcht haben, zu ihm beten und seinen Einsprechungen folgen.«[2]

Wenn wir die Wunder-Wirksamkeit des Schutzengels begreifen wollen, können uns diese Überlegungen sicher helfen:
1) Der Engel ist Geist, ist ein Geist-Wesen. Er ist damit stärker, als der Mensch es sich vorstellen kann.
2) Man kann mit seinem Schutzengel reden, ihn »ansprechen«.
3) Glauben Sie an ihn! Wenn Sie nicht glauben, können Sie nicht mit ihm reden. Er tut sich dann schwer bei seiner ohnehin nicht leichten Arbeit. Er ist gesellig, und er mag Sie!

Der Schutzengel existiert. In dem Moment, da Sie diese Zeilen lesen, steht er bei Ihnen (wörtlich: »er steht Ihnen bei«). Doch *glauben* Sie an ihn! Nennen Sie ihn beim Namen!
»Könnte das Unheilvolle, das Böse in der Welt, solche Ausmaße annehmen, wenn wir Menschen mehr an unseren Schutzengel glauben würden? Wir Christen haben vielfach die Engel erniedrigt zu gefiederten Babys. In einer Zeit, in der sich der Mensch immer mehr dem Materialismus verschreibt, ist kein Empfinden mehr für die Engel.«[3]

1 aus: Ewig (Monatsmagazin), Nr. 9, 1991, S. 30
2 ebenda, S. 14
3 A. M. Weigl: »Schutzengelgeschichten heute«, Altötting 1981, S. 7

Die Situation ließe sich wohl kaum besser beschreiben als in obigem Text, der vom »Schutzengel-Experten«, dem seligen Pfarrer Weigl, stammt.
Doch das Empfinden für Engel ist da, ebenso, wie die Engel selber da sind. Eine himmlische Erkenntnis, oder?
Himmlische Einsichten haben mit Licht zu tun, Engel sind Licht. Engel sind leicht; an sie denken nimmt die Erdenschwere. »Die Engel sind Licht, am ersten anfangslosen Licht entzündet.« (Johannes von Damaskus)
Ebendas ist es.

Engel sind leuchtende und gar nicht so unsichtbare Lichtwesen; »Engel« bedeutet »ein geistig-himmlisches Wesen, das immerdar in das Antlitz Gottes schaut und an der urgöttlichen Gegenwart Anteil hat; ist Gottes Erstlingsgeschöpf, ausgestattet mit überirdischer Macht«.[1]

Und dieses Licht ist es vielleicht auch, das wir manchmal von einem Engel sehen können. Beachten Sie doch nur die »Aura« um den Kopf eines Babys oder eines Kleinkindes, das froh vom Arm der Mutter in die Welt schaut!

Da sieht man ihn, den Schutzengel, wie er aufpaßt auf das kleine Wesen mit der so wertvollen Seele.

Engel lieben, sie stützen, führen, wehren Unheil ab.

Jedoch brauchen sie oft menschliche Mitarbeit. Sie tun sich »unendlich« viel leichter, wenn man an sie glaubt.

»Denn er hat seinen Engeln befohlen über dir, daß sie dich behüten auf allen deinen Wegen.« (Psalm 91,11)

Wollen wir nun sehen, wie so ein Engel in Augsburg in himmlischer Manier den »Zufall« gesteuert und so einem Kind das Leben gerettet hat:

Ein Handballtorwart fängt ein Kind, das aus dem vierten Stock abstürzt

Die Geschichte ereignete sich am 23. Juni 1962 in der Fuggerstadt, an einem bis dahin »normalen« Samstagnachmittag.

Verbürgt ist sie in einem Artikel der Augsburger Rundschau vom 25.6.1962.

Im vierten Stock eines Wohnhauses spielte ein vierjähriger Bub, der kleine Rainer, mit seinem Freund. Schließlich versperrten die beiden Lauser die Türe von innen, waren dann aber nicht mehr in der Lage, diese zu öffnen.

Die Mutter holte den Schlosser. Ihr Sohn indes stieg aus dem Fenster, wohl weil er dachte, dies sei so gefahrlos wie das gewohnte

[1] A. M. Weigl, a.a.O., S. 8

Klettern aus der elterlichen Gartenlaube, die er von den Wochenenden kannte. Mit großem Vergnügen kraxelte er dort immer aus dem Fenster heraus und sprang dann auf den Grasboden. Jetzt aber befand er sich im vierten Stock!

Als es zu spät gewesen sein dürfte für irgendeine Einsicht, da hat das unbedarfte Kerlchen wohl geahnt, daß es in Todesgefahr schwebte oder wenigstens, daß etwas Schreckliches ihm bevorstand:

Er versuchte noch, sich mit einem Händchen am Sims festzuhalten. Doch zu spät – die Kraft ließ nach. Er fiel ins Bodenlose.

Der 33jährige ehemalige Handball-Torwart und jetzige Laborant Karl Roßtäuscher radelt so gegen 11 Uhr vormittags heim. Seine Besorgungen hat er alle erledigt.

»Zufällig« wurde er von einem ehemaligen Sportsfreund noch etwas aufgehalten. Dann hat er die Johannes-Hag-Straße erreicht und steigt vom Fahrrad.

Da hört er die warnenden Zurufe von Hausbewohnern. Hoch oben über sich sieht er den Buben. Der will sich eben noch festhalten, dann läßt die kleine Hand los. Er stürzt ab.

Karl Roßtäuscher stellt sich, eher intuitiv denn überlegend, genau in die Fallrichtung und streckt die Arme nach oben. Als reflexschneller Handballtorwart »schätzt« er das auf ihn zukommende »Geschoß« richtig ein, er greift schon vor dem Aufprall nach dem Jungen. Der Schlag ist ungeheuerlich.

Die Wucht reißt ihn, rücklings voran, über eine Eisenstange, dann prallt er mit Schultern und Hinterkopf auf den harten Beton. Erst später erfährt er: Er hat den Buben gefangen und trotz der mörderischen Aufprallwucht nicht mehr losgelassen.

Sein kräftiger Körper und sein Rückwärtssturz haben den Fall gebremst, im nüchternen Deutsch des naturwissenschaftlichen Weltbildes würde man sagen: Die Energie wurde abgebaut.

»Als ich den Buben auffing, da habe ich fast gemeint, es reißt mir den Bauch auseinander.«

Mut? Zufall? Fügung? Wir wissen es – der Schutzengel.

Ein Sechsjähriger übersteht den Sturz aus einem fahrenden D-Zug – Sogar die Brille bleibt heil!

Endorf ist auf der westlichen Seite des Chiemsees gelegen; heute heißt der Kurort »Bad Endorf«, des heilenden Wassers wegen, das heiß aus den Tiefen der Erde hervorsprudelt und so ein vielbesuchtes »Heilbad« speist. Nicht weit davon, auf der Landkarte genau südlich, ist Rimsting eingetragen. Und auf der Zugstrecke genau zwischen Endorf und Rimsting hat am 7. Januar 1965 der Schutzengel eingegriffen und den tödlichen Leichtsinnsfehler eines kleinen Buben zum Guten gelenkt.

Die Geschichte, wie sie hier erzählt wird, ist genau verbürgt in den »Traunsteiner Stadtnachrichten«, Jahrgang 1965/Nr. 5, und der hochangesehene, altehrwürdige Pfarrer Weigl, der inzwischen gestorben ist, hielt sie für das wahre Zeugnis des lebendigen Wirkens eines Schutzengels.
Wie wahr! Denn der Schutzengel hat hier offensichtlich das, was wir Menschen »Zufall« nennen, für sein umsichtiges Vorhaben eingesetzt.
Die Bundesbahn hat in jenen Jahren gerne mit dem Slogan geworben: »Alle reden vom Wetter – wir nicht!« Und so war es denn der Bahn an jenem Donnerstag im Winter sicherlich gar nicht recht, daß Schnee über Schnee lag, überall, das Land war weiß. Und sicherlich waren auch die Schienen zugeschneit. Rechts und links von den Gleisen türmten sich, in unregelmäßigen Abständen, hohe Schneehaufen.
An diesem Tag nun ereignete sich ein Zwischenfall, der ein kleines Menschenleben fast beendet hätte, ein Sekundengeschehen, aus dem aber dann doch der Schutzengel wunderwirkend den »rechten Zufall« hinbiegen konnte. Der sechsjährige Ludwig Sommer aus Mannheim und seine Mutter befanden sich auf der Reise von München nach Berchtesgaden. In Bayerisch Gmain sollte das schwer asthmaleidende Kind untergebracht werden. 9 Uhr Abfahrt in München. Irgendwann während der Fahrt, es geschah zwischen Endorf und Rimsting im Chiemgau, stand der Dreikäsehoch auf, um zur Toilette zu gehen.
Die Toilettentür aber war wegen eines Wasserrohrschadens ver-

schlossen. In dem Glauben, daneben sei noch eine Toilette, öffnete der Bub die Außentür – der eiskalte Fahrtwind packte ihn, riß ihn nach draußen. Das Aus für ein Leben, das gerade erst begonnen hatte?
Man bemerkte das Fehlen des Kleinen erst kurz vor Prien, als seine Mutter, beunruhigt durch das lange Ausbleiben des Sohnes, auf der Toilette nachsah. Das Blut gefror ihr in den Adern, da sie die Toilettentür verschlossen, die Tür des D-Zugs aber offen fand.
Dieser Moment der Erkenntnis dessen, was vorgefallen sein mußte, ist wohl in seinem Grauen nicht zu beschreiben. Ein Mitreisender zieht die Notbremse. Der von dem Unfall sofort verständigte Bahnhofsvorstand von Prien macht sich mit dem Rottenwagen auf den Weg und auf die Suche. Wo wird man den Verunglückten finden? In welchem Zustand?
Der Bub aber war genau in dem Augenblick aus dem schnell fahrenden Zug gestürzt, in dem ihn der kräftige Schwung und Sog in einen der hohen Schneehaufen fliegen ließ. Dort überschlug sich das Kind einige Male in der ihn aufnehmenden weißen Pracht, die nächtens vom Himmel gefallen war.
Es rappelte sich verdutzt wieder hoch, war von oben bis unten weiß eingestaubt und dachte sich in seinem kindlichen Gemüt sonst nicht allzuviel. Zehn Meter weiter jedoch stand ein massiver Fahrtleitungsmast. Daneben ein Streckenstein. Kein Schneehaufen.
Im guten Vertrauen, seine Mama bald wiederzufinden, stapfte das Kerlchen in Fahrtrichtung weiter gen Rimsting.
So kommt er der Suchmannschaft irgendwann entgegen. Ein paar Kratzer hat er, sonst nichts.
Sogar seine kleine Brille wird später unversehrt wiedergefunden. Man stelle sich die Mutter vor und all ihre Gefühle der letzten Stunde: zwischen Abschiednehmen, Hoffen und dem quälenden »Was ist passiert?« – »Was hätte ich verhindern können?«
Und jetzt sieht sie ihren kleinen Ludwig durch die Schneelandschaft stolpernd auf sich zukommen.
Wer Augen gehabt hat, zu sehen, der hat den Schutzengel damals wirklich gesehen oder gespürt; der hat wenigstens geahnt, wie ein Himmelswesen das Kind liebevoll und fürsorglich abgeliefert hat.

Freier Fall aus 2000 Metern Höhe – Der Fallschirmspringer bleibt am Leben

Folgende Geschichte steht für ein Wunder, das sicherlich allen bekannten und gültigen Naturgesetzen trotzt. Die Rede ist von dem unbeschadeten Aufprall eines Fallschirmspringers auf dem Boden mit geschlossenem Schirm. Unvorstellbar ...
Zugetragen hat dies alles sich in der Nähe von Bayreuth.

Es gibt schon Fälle im Leben, da kann ganz bestimmt nur der Schutzengel geholfen haben. Aus Bayreuth wurde am 3. Mai 1967 berichtet:
Der Sportfallschirmspringer Manfred Luther aus Forchheim steigt an diesem Tag mit einer kleinen Maschine auf. Das brummende Flugzeug schraubt sich hoch, hinein in den blauen Himmel über der Festspielstadt.
Angst hatte er dabei wohl nicht, denn wer auf dieser Welt – es sei denn, er wäre dazu gezwungen oder eben ein Hobbyspringer – würde sich sonst freiwillig dem Erlebnis des freien Falles, des realen Absturzes des eigenen Ichs in den Sog des Nichts, unterwerfen?
Wieder einmal wird dabei ein reales Geschehen zum Symbol. Fallen tun wir alle, immer und immer wieder. Und irgend etwas hält uns dabei an der Hand. Der Mensch braucht den Fallschirm, nicht nur, wenn er »abspringt« aus Tausenden von Metern Höhe, denn der Mensch ist weder Vogel noch Engel. Ohne einen Schutz, sei es der materielle Schirm oder aber, was den »Fall« in seinem Dasein betrifft, eine »geistige Energie«, die ihn trägt, ohne Schutz kommt er nicht aus.
Aber sagen wir statt »bewahrende geistige Energie« ruhig »Schutzengel«.
Manfred Luther steigt also auf, der Blick ist klar, und die Welt wird immer kleiner unter ihm.
Er kontrolliert noch mal, was zu kontrollieren ist, die Luke steht offen. Unter ihm das, was sich ein Nichtspringer nur als Alptraum vorzustellen vermag als den saugenden Raum des Nichts, Abgrund des Unterbewußtseins, verderbenbringende Tiefe.
Nur nicht lange überlegen – sich fallen lassen.

Er hat sich von der Maschine gelöst und stürzt wie ein Stein der Erde entgegen.
Er zieht jetzt die Reißleine, 700 Meter über der Erde.
Nichts!
Sofort reißt er die Ersatzschirmleine. Plötzlich öffnen sich beide Schirme und verheddern sich. Er glaubt, das sei das Ende. Er weiß: in wenigen Sekunden der Aufprall. Später berichtete er: »Ich hatte mit meinem Leben schon abgeschlossen. Wie ich es als Kind gelernt hatte, so betete ich in meinen letzten Augenblicken zu Gott.«
Gott. Engel. Hingabe.
Wer wohl wird sich eher »hingeben« können als ein Fallschirmspringer, der mit geschlossenem Schirm der Erde zurast? Zu religiösen Spekulationen bleibt da wenig Zeit.
20 Meter pro Sekunde! Im Zeitraffer-Schnelltempo rollt das Leben ab.
Aufprall!
Ihm gelingt eine Seitenrolle, wie, weiß er bis heute nicht. Vier Wochen Krankenhaus, dann darf er heim. Er sagt:
»Ich weiß, ich habe einen Schutzengel.«[1]

Universitäts-Kinderklinik München – Die Kellertür öffnet sich im »rechten Augenblick«

Das Wunder »setzt frei«, es »befreit«, weil es, im wortwörtlichen Sinne, ein Gnadenwerk der Er-Lösung ist.
Leid kann eine Prüfung sein, eine Prüfung aber besteht zumeist im innerlichen »Eingeschlossen-Sein«. Immer ist dies dann eine seelische Gefangenschaft im eigenen Ich, im Ego.
Das übertriebene Ich nämlich produziert diese Bitterkeit der Seele, die wir alle kennen, wenn es uns innerlich schlechtgeht.
Ein Wunder indes ist stets das Kleinod des »rechten Augenblicks«, des unmittelbaren Jetzt.
Nur einen Augenblick später, dann ...

[1] Die Zitate nach: A. M. Weigl: »Engel Gottes, meine Beschützer.«

Folgende Geschichte, die während der Kriegsjahre in der Münchner Universitäts-Kinderklinik (Hauner'sches Kinderspital am Goetheplatz) spielt und einem beglaubigten Bericht nach wirklich so vorgefallen sein muß, zeigt uns dies »Gefangen-Sein«, das die Gefangenschaft im eigenen Ich symbolisiert, bildhaftverdinglicht; ebenso wie die anschließende wunderbare Befreiung.
Denn das Wunder ist selber oft ein Sinnbild. Anders ausgedrückt, es materialisiert eine höhere Geistigkeit.
Die Szenarien des »Wunders« erinnern deshalb gar oft an die archetypische Darstellungskraft von Träumen.[1]
Sicherlich gehört auch der Kubus, der festumrissene Viereckraum, zu diesem archetypischen Szenario der Jung'schen Traum(deutungs)welt. So stellt der Jung-Kenner Gerhard Wehr fest:

> »In unseren Träumen deuten auf das Selbst solche Symbole hin, die durch ihre Gestalt Ganzheit (im Sinne von Vollständigkeit) ausdrücken, etwa der Kreis und die Kugel, das Quadrat und der Kubus, sodann Figuren, die an der Spitze einer Wertehierarchie stehen.«[2]

Nun eine »harmlose« Erzählung von einer Krankenschwester aus dem München der Kriegsjahre:[3]
»Einmal ...«, so fängt sie an, »... da mußte ich noch spätabends in den Keller, um aus dem großen Eisschrank eine Medizin zu holen. Der Eisschrank war begehbar und selbstverständlich eiskalt. Er lag am Ende eines selbst zu geschäftiger Tageszeit kaum benutzten Kellerganges. Schwache Glühbirnen, die an nackten Drähten hingen, spendeten das dürftige Licht einschüchternder Trostlosigkeit.
Ich bückte mich nach einer Flasche.
Da – ein bösartiges Schnappen von ineinandergreifenden Metallteilen. Schlagartig wird mir die Situation klar: Die schwere Eisentür des Eisschranks war hinter mir zugeschnappt, und von innen gab es keine Klinke. Sie war nicht zu öffnen. Ich blieb gefangen in Kälte, Keller, finsterer Isolation. Denn die Lichtfunzeln waren, nachdem die Tür ins Schloß fiel, ausgegangen.

[1] Einer der Hauptgedanken bei C. G. Jung. Siehe dazu als Einführung in dessen Leben und Werk: Gerhard Wehr: »C. G. Jung«, Hamburg 1969
[2] Gerhard Wehr: »Selbsterfahrung durch C. G. Jung«, Augsburg 1993, S. 49
[3] Wiedergegeben von A. M. Weigl: »Vergeßt Eure heiligen Engel nicht«, Altötting 1994, S. 9. Hier finden sich auch viele weitere Engelerzählungen.

Da ich die Arbeitsabläufe in diesem Haus seit vielen Jahren kannte, wußte ich: Um diese nachtschlafende Stunde würde keine Menschenseele mehr vorbeikommen, um meine Klopfzeichen zu hören und darauf zu reagieren.«
Fiel diese Schwester in Verzweiflung? Keineswegs. Das Wunder ist oft eine Folge von Vertrauen, Gebet ... und Abwarten. »So setzte ich all meine Hoffnung auf die heiligen Engel«, berichtet sie später. Solche Zuversicht mit Hingabe wirkt, sie setzt Gedankenkraft frei. Und die geistige Kraft kann dann wieder auf das »Unbewußte« eines anderen Geistwesens wirken. Engel, Mensch – wer weiß?
Der Bericht fährt fort:
»Verzweifelt flehte ich um Beistand der Schutzengel. Möchten sie mir doch, um Himmels willen, helfen, da sonst all die Kranken einen Stock höher, die ich zu versorgen hatte, allein wären mit ihrem Schicksal.
Und ich? Würde ich hier überleben, ohne zu erfrieren oder zu ersticken!
Da! Ein Geräusch! Ist es wirklich?
Tatsächlich: Die Tür geht auf, ein Strich fahlen Lichtes fällt herein in mein kaltes Verlies. Da stand ein altes Schwesterl.
Das sagte, es sei ihr ›... irgendwie so gewesen‹, heute abend noch einmal nachzusehen, ob denn im Keller alles in Ordnung sei.
›Komisch‹, meinte sie, ›so was tu' ich sonst nie, aber heute, da konnte ich gar nicht anders, als zu dem großen Eisschrank zu gehen und nachzuschauen. Einfach ein Gefühl, eine innere Stimme.‹«
Eine innere Stimme! – Zufall? Wohl kaum.
Gott benutzt für seine Werke und Wunder stets Menschen, manchmal sogar Tiere. Wer sonst als ein Mensch sollte die Tür öffnen? Wie aber erhalten die Menschen solche Einflüsterungen? Durch die geflügelten Botschafter, die Engel, die nichts anderes sind als gedankliche Verbindungen »nach oben«.
Engel bringen gute Botschaften, aber ebenso auch böse Gedanken. Denn es gibt auch gefallene Engel, die Dämonen.
Der Schutzengel ist jedem Menschen ein Leben lang beigestellt, als persönlicher Begleiter, manchmal auch als Befreier. Das Wunder macht »frei«, zuerst geistig-seelisch.
Und somit auch körperlich.

Bei Freyung erscheint die berüchtigte »Schwarze Frau« – aber ein Kreuz wirkt Wunder

Im Bayerischen Wald, etwa zwischen Waldkirchen und Grafenau, liegt Freyung. Nördlich künden Namen wie der »Lusen« und der »Große Rachel« von der düsteren Urwüchsigkeit der Gegend, aus der immer schon unheimliche Sagen und Mären und geheimnisvolle Wundererzählungen zu uns gekommen sind.
Im »Wald«, da wird viel erzählt.
Viele unerklärliche Vorkommnisse gab es dort und gibt es noch heute: Wunder, die aber schon eher ins Schattenreich gehören denn ins Licht.
Aber auch dann, wenn schwarze Mächte walten, geschehen Wunder des Lichts, denn wo viel Licht ist, ist der Schatten; wo aber die Schatten herrschen, ist wiederum das Licht nicht weit.

Die Bundesstraße 12 führt von Passau über Waldkirchen, dann weiter nach Freyung, bis sie schließlich nahe Philippsreut, genauer in Schwarzenthal, die Grenze erreicht.
Aus dieser Gegend wird eine wundersame, doch grausige Geschichte erzählt. Der Autor hat sie selber von zwei Zahntechnikern aus diesem magischen Fleck Bayerns erzählt bekommen:
Vor Jahren geschah es (vielleicht geschieht es heute noch?), daß da am Wegesrand eine »Schwarze Frau« stand.
Die winkte mit stummen Zeichen, eigentlich, ohne sich dabei zu bewegen, und forderte auf unerklärliche Weise dazu auf, sie mitzunehmen.
Also eine Anhalterin?
Doch gnade Gott dem, der sie einlud. Oder auch nur dem, der sie sah.
Gar mancher fuhr, von Grausen gepackt, an dem Weib vorbei und beschleunigte dabei sogar noch sein Fahrzeug. Wie groß und unfaßbar aber sein Entsetzen, wenn die »Schwarze Frau« dann trotzdem hinten im Auto saß und dem Lenker mit knochigem Finger auf die schreckensstarre Schulter tippte!
Erzählt hat so ein Vorkommnis von den Betroffenen keiner mehr. Alle, die das Zwischenwesen auf irgendeine Weise im Auto hatten, sind unmittelbar danach tödlich verunglückt.

So erklären sich die vielen Unfälle an dieser Straße und an der Strecke den Pfahl entlang: Hinabrasen über Böschungen, Zusammenstöße, das jähe Ende an einem Baum oder ähnliches.
Die beiden Zahntechniker, die von der Sache erzählen, sprechen nun ganz leise:
»Sogar der Professor Bender aus Freiburg hat sich in den siebziger Jahren mit der Sache befaßt, im Rahmen seiner Parapsychologie-Forschungen und seiner PSI-Geschichten.«[1]
Und plötzlich kommt der eine von den beiden, er nennt sich Hans, ganz nahe an mein Ohr heran: »Schwarze Magie!« raunt er.
»Vielleicht aber auch die Schattenseite des Unterbewußten?«, so der andere.
»Strahlungen können es auch sein«, räumt Hans ein, »im Wald begegnen sich kosmische Kräfte und Erdstrahlen, die kein Mensch kennt oder je wird erforschen können.«
»Der Teufel selber.«
»Oder die Radioaktivität im Boden. Der Quarz. Der Pfahl.«
»Und doch: Die Schwarze Frau gibt es.«
»Ja. Ich weiß.«
Hans ist ganz blaß geworden.
»Ja, einmal.«
»Einmal was?«
»Auf der kleineren Straße, zwischen Neuhütte und Weidhütte.«
»Was war da?«
»Die Schwarze Frau!«
»Hast du sie mitgenommen?«
»Nein, aber auf einmal ist sie hinten im Auto gesessen.«
»Wie schaut sie aus? Hast du sie gesehen?«
»Sie ist der Teufel selber!«
»Und?«
»Das Kruzifix! Ich habe ihr das Kruzifix entgegengehalten« (er zieht es unter dem T-Shirt hervor) – »und dann habe ich ganz laut ›Jesus!‹ gebrüllt.«
»Und?«

[1] gemeint ist dabei Prof. Dr. Hans Bender, der damalige Leiter des »Instituts für Grenzgebiete der Psychologie und Psychohygiene« an der Universität von Freiburg im Breisgau

»Das Auto, es war ein Golf: Totalschaden! Eine Böschung, ich hab' nichts mehr mitgekriegt. Dann eine Tanne! Aber mir ist nichts passiert.«
»Und? Das Weib?«
»War weg. Einfach weg.«
»Unglaublich.«
»Und an dem Auto haben sämtliche Spiegel gefehlt. Innen und außen. Die sind auch nicht irgendwo herumgelegen.«
»Der Teufel hat kein Spiegelbild.«
Und Hans, in dessen Gesicht langsam wieder Farbe kommt und Leben, er sagt:
»Ich habe das alles noch keinem erzählt.«
»Ich höre öfters so etwas«, antworte ich und füge hinzu:
»Darf ich das aufschreiben, für ein Buch?«
»Schon, aber bitte nenne keinen Namen.«
»Ich werde dich ›Hans‹ nennen.«
»Is scho recht.«[1]

Was wie der »Zufall« ausschaut, ist der Schutzengel gewesen

Dies ist die jüngste Schutzengelgeschichte; sie hat sich kurz vor Fertigstellung des Buchmanuskriptes zugetragen. Passiert ist das alles in Augsburg-Oberhausen, nahe dem Hettenbach.

Ein Sonntagnachmittag im späten März des Jahres 1996. Der Winter ist in diesem Jahr ungewöhnlich lang und kalt gewesen.
Nun, da sich doch endlich die ersten Sonnenstrahlen zeigen, läuft der kleine Osman nach draußen ins Freie. Er beginnt in der Nähe des Hettenbaches mit seinem Ball zu spielen. Schon passiert, was passieren muß. Das Spielzeug springt von der Hand und fällt ins kalte, schnell fließende Wasser des Baches.
Der Bub denkt nur eines: Ich muß den Ball wiederhaben!

[1] zur weiteren Vertiefung über die Forschungen Prof. Benders vgl. Hans Bender: »Verborgene Wirklichkeit«, Freiburg 1973

Schon steigt er über den Zaun und fischt nach der roten Kugel, immer weiter rennt er mit dem Bachlauf nach vorn, um auf der Höhe des Balles zu bleiben.
Nur noch eine Handspanne ... fast hat er ihn. Dann bekommt er das Übergewicht, rutscht ab und stürzt kopfüber in die eisigen Wellen.
Wer die Fügungen der höheren Macht nicht kennt und auch nicht erkennt, der würde jetzt feststellen:
Es tritt das Schlimmste ein, was in dieser Situation geschehen kann. Denn ausgerechnet und genau an der Stelle mündet der Bachlauf in einen Tunnel, er verabschiedet sich von der Erde, um unterirdisch seinen Weg irgendwohin fortzusetzen.
Fort ist das Kind von der Erdoberfläche und vom Tageslicht. Da aber geschieht dem Jungen eine Fügung, so wunderbar, daß sogar der sachliche Journalist der Münchner »Abendzeitung« feststellen muß: »... er hatte einen Schutzengel.«[1]
Denn ebendie vermeintliche Bosheit des Augenblicks, daß genau dort, wo Osman in den Bach fällt, sich der Boden auftut zu einem Tunnel, genau diese Konstellation der Umstände soll jetzt zu seiner Rettung führen.
Am Ende des unterirdischen Bachtunnels befindet sich ein Rechen, der automatisch größere Gegenstände aus dem Wasser fischt.
Der Rechen hebt das ertrinkende Kind auf, schaufelt es hoch, wirft es auf ein Förderband, dies wiederum trägt das halbtote Lebewesen fort und läßt es schließlich in einen Container purzeln.
Wasser, eben noch geschluckt, schwappt aus Lungen und Luftröhre. Die Polizei findet kurz darauf das wimmernde Kerlchen. Osman kommt sofort ins Krankenhaus. Schnell erholt er sich.
Wir ahnen und glauben: Es gibt ihn, den Schutzengel!

[1] Münchner Abendzeitung, Nr. 77/14 v. 1.4.1996, S. 24

Das Juwel positiven Denkens – Glaube an die Gottesmutter und Marienverehrung in Bayern

Marienverehrung in Bayern und Mond-Magie

Der unübersehbare »Mond-Boom« in der Esoterik, die sich mehr und mehr anschickt, die dem Christentum verlorengegangene Mystik, die Stillung der Sehnsucht nach Versenkung und Einswerdung mit göttlichen Prinzipien zu ersetzen, diese neuere Hinwendung zum Spirituellen, vor allem auch zu einer neueren Sicht des Weiblichen, bringt Maria (als weibliches Prinzip der Gottheit) und den **Mond** (er gilt, nicht zuletzt im Zusammenhang mit dem Mond-Zyklus, ebenfalls als ein dem Weiblichen zuzuordnendes Prinzip) oftmals miteinander in Verbindung.

Zeigen doch viele Madonnendarstellungen die Himmelskönigin auf einer Mondsichel stehend! Christiane Hermann-Lisi schreibt in dem Buch »Mondmacht«:

> »Von der Braut, der Mutter und Königin aber ist es nicht mehr weit zur Jungfrau Maria – der Jesusmutter und Himmelskönigin. Stellte man ihr den Mond zur Seite, so war der Kampf gegen die alten Religionen gewonnen.
>
> Gleich vielen großen Göttinnen finden wir also auch Maria häufig von Schlange und Mond, den uralten Symbolen weiblicher Fruchtbarkeit und ewigen Lebens, umgeben.«[1]

Mond, Mysterium, Wunsch und Wunder, sie hängen eng zusammen, und die folgenden Geschichten bezeugen, ebenso wie die vielen Marien-Wallfahrtsorte in Bayern, daß eben im spirituellen Umfeld der Gottesmutter das »Wunder« fast zu Hause zu sein scheint.

Die besondere Wirksamkeit »Schwarzer Madonnen« soll hier noch gar nicht hervorgehoben sein. Die nahezu okkulte Wunderkraft solcher Statuen hat oftmals auch vorchristliche Traditionen.

Eines noch am Rande: Der herrliche Marien-Kult wird in der kriti-

[1] Christiane Hermann-Lisi, a.a.O., S. 88

scheren Literatur als nicht sehr frauenfreundlich (im Sinne der modernen Frau) gesehen. Wohl zu Recht. Christiane Hermann-Lisi dazu:

»Im Mittelalter erlebte der Jungfrauenkult eine Blütezeit. Unzählige Marienlieder, Marienandachten, Mariengebete, Marienkirchen und Marienbruderschaften verherrlichten eine entsexualisierte Gestalt ... Doch je intensiver der Glorienschein Mariens die Gedanken und Gefühle der katholischen Welt erleuchtete, desto düsterer, gefährlicher wurde das Leben ihrer weltlichen Schwestern auf Erden ...«[1]

Aber was kann die Gottesmutter für Auswüchse eines verdrehten Männer- oder Frauendenkens? Sie hilft vor allem denen, die dem Denken und damit dem Ego etwas viel Besseres vorziehen: den Glauben.

Eine Marienskulptur in Bernried wechselt den Standort über Nacht

Die »liabwoanat' Madonna«, so nennen die Bewohner des Ortes Bernried am Westufer des Starnberger Sees liebevoll »ihre« Madonna. Welche aber ist gemeint? Denn es gibt zwei davon. Und das hat seinen Grund in einem handfesten Wunder.
Der behäbige Kirchturm ist besonders gut vom gegenüberliegenden Ufer aus, da, wo Ambach liegt, zu sehen. Eigentlich wirkt der Turm so alteingesessen wie die Bäume in der Landschaft. Fast könnte man meinen, er sei zusammen mit Oberbayern erschaffen worden.

In Bernried, unten am Seeufer, findet man, eingelassen in die alte, behäbige Klostermauer, ein Kapellchen. Das könnte nicht romantischer und nicht malerischer dastehen, doch es ist mit festem Gitterwerk verschlossen.
Gehen Sie nur recht nah heran, und schauen Sie hinein!

[1] Christiane Hermann-Lisi, a.a.O., S. 90

Dann sehen Sie im Inneren eine wunderschöne Pietà, also eine Maria mit dem toten Gottessohn auf dem Schoß.
Nur weiß man immer noch nicht, ob diese die Wundermadonna von Bernried ist oder ob nicht doch eine andere, die gotische Marienfigur oben am Seitenaltar der alten Kirche, gemeint sein könnte. Folgende Geschichte wird uns aufklären. (Übrigens: Helfen tun beide Statuen der Himmelskönigin. Es gibt ja auch nur eine Maria, oder?)
Einst tobte ein fürchterliches Gewitter über dem See. Schwarzgrün wogte und spritzte das Wasser, Sturm und Regen peitschten die Dünung.
Ein Wetter, bei dem sich schleunigst jeder in seine Hütte zurückzog, wenn ihm sein Leben lieb war.
Aber auf den Sturm folgt die Stille. Und am nächsten Tag lag der See ruhig da wie ehedem, kleine Wellen schlugen an die Kiesel, und man vernahm die typische zarte Melodie, die nur diesem See einbeschrieben ist.
Friedvoll schwappten die Wellen an die Bohlen des Holzsteges.
Plötzlich sah man eine hölzerne Marienstatue, die auf dem Wasser trieb, und das Bildnis strahlte wie von Himmelslicht umgeben.
Gänzlich unbeschädigt schwamm diese Plastik obenauf, kein Kratzer war ihr, trotz des Sturmes, geblieben.
Da setzte sich der älteste der Fischer in sein Boot, ruderte hin und barg die wunderschöne Madonna.
»Ein Gnadenbild! Ein Himmelsgeschenk! Wir wollen die Madonna gleich in der Pfarrkirche aufstellen!«
»Aber da steht doch schon eine Muttergottes«, gab ein anderer zu bedenken.
Allerdings. Das stimmte. Gar mancher der Männer kratzte sich hinterm Ohr. »Nein, das geht nicht. Zwei Madonnen an einem Altar, das ist zuviel!«
Was tun fromme Menschen, die nicht weiterwissen? Richtig, sie fragen den Pfarrer.
Seine Antwort fiel so aus, wie sie es erwartet hatten. Er war nämlich ganz ihrer Meinung.
Die angeschwemmte Madonna war zweifellos die hübschere. Geschmeidiger sah sie aus, jünger, weiblicher – man darf ruhig sagen: Sie wirkte sinnlicher. Das gefiel den Herren.

Also beschlossen sie samt ihrem Pfarrer, die Madonnen auszuwechseln. Die Seefischer brachten die neue, die schöne Maria in die Bernrieder Kirche, die alte, weniger hübsche Himmelskönigin (sie stammt aus der Gotik), die schoben sie ab ins Seehaus.
Der Plan war nicht unbedingt schlecht. Warum sollte die attraktive Figur nicht in der Hauptkirche stehen? Nur – das alles war sehr undankbar.
Denn das alte, das gotische Gnadenbild hatte all die Jahre zuvor zahlreiche Wunder gewirkt. Vor allem Wunder der Heilung gingen immer schon auf sein Konto.
Wer dieses Buch aufmerksam liest, der weiß, daß Gnadenbilder mit dem Lauf der Jahre eine besondere Kraft erlangen. Sie werden durch die innige Verehrung und die Anbetung geradezu »aufgeladen«.
Zum Wunder – wir wissen es längst – gehört die Demut. Und es ist nicht sehr demütig, ein Gnadenbild, dem man soviel verdankt, einfach auszuwechseln, weil man etwas vermeintlich Besseres gefunden hat.
Am nächsten Tag war das Staunen jedoch groß.
Denn da stand die »alte« Madonna wieder an ihrem angestammten Platz. Die jüngere Maria aber befand sich jetzt im Seehaus, dem kleinen Kapellchen an der Schloßmauer.
Die Menschen sind manchmal blind. Sie erkennen den Willen der höheren Macht selbst dann nicht, wenn diese deutlich zu ihnen spricht.
Und man begann, das Gnadenbild der alten gotischen Madonna ein zweites Mal »vom Sockel zu stoßen«.
Schon machten sich Arbeiter daran, die Marienfigur, die über Nacht in »ihre« alte Kirche zurückgekehrt war, von dem Podest herunterzuheben.
Da geschah ein zweites Wunder.
Der Marienfigur rannen dicke Tränen über die Wangen.
Zunächst wollte man das nicht glauben, doch dann konnten sich alle überzeugen: die gotische Madonna weinte. Jeder konnte es anschauen und beobachten. Bei diesem Fingerzeig des Himmels ist dann doch irgendeinem der Frevler ein Licht der Erkenntnis aufgegangen.
»Ja seht ihr denn nicht ...?«

»Wir sehen, daß sie weint.«
»Aber das hat doch etwas zu bedeuten.«
»Was?«
»Daß wir unsere Madonna hier, an dieser Stelle, wo sie uns so oft geholfen hat, stehenlassen sollen!«
Da ging auch den anderen ein Licht auf.
Die Maria durfte bleiben, und sie steht heute noch an der Stelle, von der sie nicht weg wollte und will. Ein Wunder und dessen Kraft sind zumeist an einen Ort gebunden.
Die Tränen der himmlischen Jungfrau trockneten, und sie gewann ihr distanziertes gotisches Lächeln zurück. Und sie wirkt Wunder. Bis heute.
Die angeschwemmte Madonna aber, die »hübschere«, die beließ man von nun an in dem kleinen Kapellchen unten am See. Denn vom Wasser her ist sie gekommen, und am Wasser fühlt sie sich am wohlsten. Sie wird seitdem besonders von Fischern und Seeleuten als Schutzpatronin verehrt.
Die zwei Marienfiguren vertragen sich prächtig: Einheimische von Bernried, Fischer, Touristen und viele Marienwallfahrer pilgern zu beiden hin und finden Erhörung.
Und die »obere«, die gotische Madonna hat nimmermehr weinen müssen.
Sind Sie aber einmal in Bernried, dann besuchen Sie sowohl die eine Maria als auch die andere. Bewundern Sie die Bernrieder Kirche mit dem »Theatrum sacrum«, der himmlischen Inszenierung vorn am Hochaltar, und suchen Sie die Seitenkapelle mit der dortigen Wundermadonna.
Dann aber begeben Sie sich zum See, finden Sie an der alten Mauer das Kapellchen, und versenken Sie sich in die von innen kommende Schönheit der anderen Maria, einer Pietà, also einer trauernden Gottesmutter.
Und Sie werden die Kraft der gewirkten Wunder spüren. Gehen Sie dann am See entlang, und lassen Sie den herrlichen Park auf sich wirken.

In der Rumpelkammer entdeckt die Biberger Bäuerin aus Niederaichbach ein wunderwirksames Marienbild

Nordöstlich von Landshut, nahe Ohu, dem durch die grausige Atomkraft so unwundersam berühmt gewordenen Ort an der Isar, ein Stück flußabwärts noch, liegt Niederaichbach; unweit davon wiederum der Ort »Wörth an der Isar«.
Und es mutet wirklich wie ein Wunder an, daß ausgerechnet dort, wo der Mensch in Ohu seinen Hochmut und seine grenzenlose Un-Ein-sicht in Atommeilern anmaßend gegen das Wohlmaß der Schöpfung erhebt, daß eben in dieser Gegend Niederbayerns die Jungfrau Maria, also das pure Gegenteil menschlicher Hoffart, ganz wunderbar zu Ehren gekommen ist:

Da geht also eine Bäuerin in die Rumpelkammer hinauf, keiner weiß heute mehr, warum. Viel altes Zeugl liegt dort oben herum, auf dem Boden des alten Biberger Bauernhauses. Ärgerlich wird sie vor sich hin gebrummelt haben:
»O mei, a so a oids G'lump ...!«
Dann aber fällt ihr doch ein Bild auf, verschmutzt und heruntergekommen. Sie zieht es als allererstes aus alldem anderen G'raffel heraus, um es sogleich auf den Müll zu befördern.
Wie hätte sie wissen können, daß das, was sie da in Händen hält, bald den Erzbischof persönlich hierherführen und in Kürze selbst den Papst interessieren würde! Handelt es sich doch um das später berühmt gewordene »Wörther Gnadenbild ›Maria, Mutter vom Guten Rat‹«.
Bei diesem Gemälde, wunderschön anzuschauen mit einer Maria und einem Kind, die bei aller Gottseligkeit den Humor nicht vermissen lassen, handelt es sich um eine Nachbildung des uralten Gnadenbildes in Genazzano südlich von Rom.
Warum hat die Bäuerin es nicht weggeworfen, wie ursprünglich geplant? Wird ihr wohl die Maria selber davon abgeraten haben.
Die sich nun anschließende Geschichte des Bildes mutet geradezu aufregend an:
Am Christkönigstag 1944, ein Jahr vor Kriegsende also, wird es feierlich geweiht und erstmals von einer großen Schar von Gläubigen verehrt. 1946 schrieb Erzbischof Buchberger an den Pfarrer von Wörth:

Gnadenbild der Mutter vom Guten Rat in Wörth/Isar (1944 in einer Rumpelkammer aufgefunden)

»Von der Mutter vom Guten Rat in Wörth a. d. Isar geht ein großer Segen aus.«

Karsamstag 1952: Papst Pius XII. läßt sich in Privataudienz mehrere Kopien des berühmt gewordenen Gnadenbildes überreichen. Über die Madonnendarstellung, die den Bischof selbst als Wallfahrer hierherbrachte, heißt es in einer Erbauungsschrift:

»Oft kommen Briefe voll überströmender Freude über die Erhörung in schweren Anliegen. Nicht selten heißt es: ›Seit wir dieses Bild im Hause haben, ist alles ganz anders geworden, wir sind selbst ganz andere Menschen geworden.‹«

Die Bitten von damals haben sich zum großen Teil erfüllt, heute gelesen, klingen sie wie Prophezeiungen:

- Vermittle uns einen dauerhaften, gerechten Frieden.
- Beende die schmerzliche Spaltung unseres Volkes.
- Wehre ab die anschwellende Flut der Gottlosigkeit.

Vor allem aber:

- Sei du Herrin und Mutter unserer Hausgemeinschaften, und führe jene Familien, die erkaltet und zerrissen sind, in christlicher Liebe wieder zusammen.

Ferner heißt es:

- Laß uns begreifen, daß keiner von uns für sich allein ist.

Wer sollte uns diesen Gedanken (der Wunder wirken kann!), näherbringen als Maria? Sie kennt das Allein-Sein wie kaum jemand. Sie kennt den Trost. Und sie weiß zu trösten. Menschlich und göttlich zugleich.

Rote Flüssigkeit tropft aus Birken – Wahrheit oder Schwindel?

In Oberfranken, nicht allzuweit von Bamberg, liegt Heroldsbach. Man spricht dort von einem »heiligen Berg«, einer Anhöhe von ganz besonderer »Strahlung« und Ausstrahlung, der Ort wurde gar zur Pilgerstätte (und regt die Phantasie an!).
Wunder und Visionen soll's dort gegeben haben, recht umstrittene »Gesichter« zeigten sich. In einem Fall zog das (umstrittene) Wunder gar eine Exkommunikation nach sich ...

Die heute 56jährige Maria Jonescheit berichtete im Jahre 1992 in der Abendzeitung. Sie sprach dabei von der Zeit, als sie zehn Jahre alt war, also vom Jahre 1949:
»Über den Wipfeln eines Birkenwaldes erblickte ich die weiße Gestalt der Gottesmutter Maria, in der Hand einen schwarzen Rosenkranz.«
Maria, die Gottesmutter, und Birken! Was mag es nur mit der Kraft und mit der Ausstrahlung dieser feingliedrigen und zartblättrigen, nahezu sinnlichen Bäume auf sich haben, aus deren Blätterextrakt so viel Heilkraft zu ziehen ist und deren Erscheinungsbild die Künstler aller Zeiten so sehr inspiriert hat?
Erinnert sei hier nur an »Birkenstein« bei Fischbachau.
Nach ihrer ersten »Begegnung« mit der Gottesmutter hatte Maria Jonescheit drei Jahre lang Erscheinungen. Oder wurde von solchen geplagt und heimgesucht.

Das ging – so wird es berichtet – vom Jesuskind über alle möglichen Engel und Heiligen bis zu grauenhaften Visionen wie etwa Fegefeuer und Hölle.
Die von den »Bildern« arg gebeutelte Frau beteuerte trotz mannigfaltiger Anfeindungen:
»Das ist die Wahrheit und nichts als die Wahrheit!«
Die Zeitung schrieb über das damalige Geschehen:
»Insgesamt neun Mädchen behaupteten damals, die Marien-Erscheinung wahrnehmen zu können. Doch der Erzbischof von Bamberg distanziert sich von den Wundern.
Maria Jonescheit erhielt die Aufforderung zu widerrufen. Weil sie sich weigerte, wurde sie exkommuniziert.« (AZ vom 2.6.92)
Schließlich das »Blutwunder« 1992. Und wieder die Birken! Aus diesen tropfte diesmal Blut – zumindest eine rote Flüssigkeit.
Was ist wahr, was nicht? Selbst die vielen »Reliquien« aus den Kreuzzügen, sind sie »echt« im juristischen Sinn?
Sie sind echt, weil sie wirklich helfen. Also eine Wirklichkeit bedingen. Wahr ist, was wirkt.
Das Wunder passiert (»wirkt«) stets im Kopf. Und Körper, Geist und Seele hängen zusammen. Ist das Wunder erst einmal »im Geist« geschehen, dann zieht auch der Körper nach. Und wenn der Körper gesundet, freut sich die Seele.

In Sammarei trägt ein verbrannter Apfelbaum Früchte

Vom »Quell-Heiligtum« in Bad Birnbach führt der Weg nördlich nach Haarbach. Dann, zwischen Haarbach und Rainding, etwas abseits des Weges, aber hervorragend ausgeschildert, liegt, inmitten dieser unübertrefflichen niederbayerischen Marien-Wallfahrts-Landschaft mit so herausblitzenden Juwelen wie St. Salvator, Gröngörgen, Parzham, Hölzlberg, Fürstenzell, Haarbach, Aldersbach und viele andere Orte urgewaltiger und erdgebundener Spiritualität, der Wunderbereich von Sammarei ...

Wunder über Wunder, seit an diesem gesegneten Fleckchen Erde, dieser Wiege von Kunst, Kultur und Glaube, eine zielgerichtete Frömmigkeit begann und die kleine Kapelle entstand.
Einst stand hier einer der typischen Viereckshöfe, bergend und schützend für Mensch und Tier, wie solch wahrhaft bodenständige Bauwerke die niederbayerische Hügellandschaft kennzeichnen. Am Rand des Hofes träumte ein Kapellchen unter dem zierlichen Apfelbaum leise vor sich hin.
Geweiht war das heilige Häuschen der Jungfrau Maria. Die Gottesmutter wurde innig verehrt. Und sie half, wann immer sie konnte. Da machte sich eben der heil-bringende Einfluß von Altötting bemerkbar und die dort so ernsthaft praktizierte Madonnenverehrung. Dann aber im Jahre 1619 kam ein schwarzer Tag. Der Hof brannte lichterloh und ward eingeäschert bis hinab auf die Grundmauern.
Aber das liebenswürdige Gotteshäuschen gleich daneben stand unversehrt und heil da! Ein direkt an der verkohlten Grundmauer gewachsener Apfelbaum, der zu lauer Frühlingszeit seine Blütenarme schützend über das Kapellchen gehalten hatte, war jedoch auch verkohlt, tot. Der letzte Zweig über der Kapelle hing versengt und traurig vom Baum.
Doch bald darauf fing er zu blühen an. Er trug die herrlichsten Blüten, die sich in weißem Kleid gegen den Himmel abhoben, jenen blauen Himmel, der sich über Freude und Not der Menschen spannt und der längst schon die Gelassenheit des Ewigen hat.
Auch wenn der Himmel einmal bewölkt ist, so scheint die helle Sonne doch; nur halt im verborgenen.
Über die Früchte des Apfelbäumchens wird berichtet:
»Als Geschenk gingen sie an Kurfürstin Elisabeth, die Gemahlin Maximilians, die sich zum Dank für die wohlschmeckenden Früchte für den Bau der Wallfahrtskirche einsetzte. Die lichte frühbarocke Kirche, 1631 vollendet, wird vom monumentalen Hochaltar (Jakob Bendl) beherrscht. Die Holzplastiken St. Georg und St. Martin gelten als Meisterwerke frühbarocker Kunst, ergänzt werden sie von der ›Sammareier Krippe‹, der ältesten und wertvollsten Krippendarstellung im süddeutschen Raum.«[1]

[1] vgl. Josef Duschl/Heinz Kapfinger: »Bad Birnbach und Umgebung«, Passau 1994, S. 35

Sammarei! Das Wort bedeutet »Sankt Marei«, also heilige Maria, auf urbayerisch.
Die unversehrte Holzkapelle, die damals durch ein Wunder gegen die Naturkräfte, ein miraculum contra naturam, den Brand überstanden hatte, befindet sich heute noch an derselben Stelle. Allerdings steht sie jetzt inmitten der neuen Wallfahrtskirche mit dem bekannten Erscheinungsbild. Denn die Kirche von Sammarei wurde über die kleine Wunderkapelle einfach drübergebaut. Oder »drumrum«, wie's hier in Bayern wohl eher hieße.
Wer hingeht nach Sammarei, der spürt die Kraft des Außergewöhnlichen sofort. 1300 Votivbilder aus vier Jahrhunderten bezeugen diese Hingabe – und diese erlösende Kraft.
Menschen erzählen vor Ort und in der Umgebung, wie ihnen Wunder geschahen. Eines nur verhindert das Wunder der Heilung bestimmt: der Zweifel.
Ein Einheimischer berichtet, daß gute zehn Prozent der dargestellten Wunder nachgewiesenermaßen wirklich passiert sind.
Läßt sich Wunderkraft – wenigstens teilweise – mit »Gedankenenergie« erklären? Jane E. Hartmann weist in dem Buch »Die Heilkraft der richtigen Schwingung« darauf hin, daß »Gedankenfelder sich wahrscheinlich an Energie-Felder anhängen und – so unglaublich es auch klingt – von ihnen auf einen Ausflug mitgenommen werden können. In der esoterischen Literatur aller Zeiten finden wir den Satz ›Energie folgt den Gedanken, und Gedanken werden Wirklichkeit‹.«[1]
Es ist schon ein recht langer Weg der Bewußtseinsbildung, bis der Mensch herausfinden darf: Krankheit bedeutet mit großer Wahrscheinlichkeit nichts anderes als fehlgeleitete Gedankenform. Das ist durchaus nicht hochmütig gemeint und will auch nicht die »unverschuldeten Krankheiten« und Schicksalsschläge in Frage stellen.
Wenn auch manche Autoren so weit gehen, selbst dafür menschliches Fehlverhalten (auch das der Vorfahren bei Erbkrankheiten und frühen Leiden) zu zitieren, so mögen hier nur die im Laufe des Lebens »daherkommenden« und »unheilbaren« Krankheiten Anlaß zum Nachdenken geben.

[1] Jane E. Hartmann: »Die Heilkraft der richtigen Schwingung«, München 1991, S. 17

Juwel in niederbayerischer Landschaft: Wallfahrtskirche Sammarei

Oft auch ist das jeweilige Krankheitsbild bereits der Hinweis auf den ursprünglichen Denkfehler. Thorwald Dethlefsen hat in dem Grundlagenwerk »Krankheit als Weg« in hervorragender Weise auf diese Methode zur Heilung und Selbstheilung hingewiesen.[1]
Freilich – wenn die Krankheit erst einmal da ist, dann kann nur noch ein Wunder helfen. Zumindest dann, wenn die Hilfe des Arztes und der Schulmedizin versagt.
Jane E. Hartmann meint:
»Werfen wir einen kurzen Blick auf das Krank-Sein oder die Disharmonie. Nennen Sie es, wie Sie wollen, letztlich gibt es nur zwei Zustände: Krankheit oder Gesundheit und Wohlbefinden ... Wir wissen, daß alles Lebendige aus Licht und Schwingungen zusammengesetzt ist. Wenn etwas diesen harmonischen Schwingungsrhythmus stört, sind die Folgen irgendwo im Organismus zu spüren. Das erzeugt Disharmonie in irgendeiner Form, die wir ›Krankheit‹ nennen.«[2]

[1] Thorwald Dethlefsen/Rüdiger Dahlke: »Krankheit als Weg«, München 1990
[2] Jane E. Hartmann, a.a.O., S. 48 f.

Auch die Kraft der Engel, dieser »Geist«-Wesen, ist Geistes-, also Gedankenkraft. Und ehrlichere Gedankenenergie als ein inniges Gebet zum Schutzengel oder zur Gottesmutter, eine mentale Hingabe an die reale Existenz Mariens, an deren eigenes gottergebenes Wesen, bessere Gedankenformen sind für den Menschen kaum »denkbar«.
Anders gesagt: Marienglaube steht als Synonym für gesundes, gesund-machendes Denken.
Auf nach Sammarei!

Maria Birnbaum bei Aichach – Ein Vesperbild erscheint im Traum, und eine taubstumme Frau erlangt die Sprache wieder

Auf der Fahrt von München nach Aichach (Autobahn Stuttgart, Ausfahrt Adelzhausen, kurz vor Augsburg) führt die Straße, kurz bevor sie Aichach erreicht, an einem wundersamen Kirchenbau vorbei, der mit seinen vier Rundtürmen aus dem Boden wächst.
»Maria Birnbaum« bei Sielenbach, ein Ort der Wunder, der tagtäglich von vielen Gläubigen und Neugierigen besucht wird.

Um das Jahr 1600 stellten die Bewohner eines Schlosses, das südlich von Sielenbach und oberhalb des Ecknachtales lag, ein Marterl auf. Die Leute von Schloß Stuntzberg hatten diese fromme Idee gehabt; sie postierten das Marterl direkt auf dem gegenüberliegenden Weinberg. Es handelte sich bei dem Kunstwerk gottesdienlicher Gesinnung um eine Pietà.
So konnte also dieses Vesperbild, eine trauernde Muttergottes, die ihren toten Sohn auf dem Schoß hält, für die folgenden Jahre zur Ecknachtalbrücke hinschauen.
Dann kamen die Schweden.
1632 lag Schloß Stuntzberg in Schutt und Trümmern. Die rauhen und im wahrsten Wortsinne »verblendeten« schwedischen Söldner warfen das Bild der Anbetung respektlos in das sogenannte Jochmoos am Fuße des Berges.

Aber ein Vesperbild, das für Wunder vorgesehen ist, das überlebt.
Der Dorfhirte von Sielenbach, Johann Vogl, zog die Statuette, die halb vermodert und halb verbrannt irgendwo steckte, aus dem feuchten Morast heraus.
Liebevoll stellte er diese Statuette der Madonna mit dem toten Heiland im Arm in einen hohlen Birnbaum neben der Straße.
Genau das sollte der gottgewollte Ort sein; das Gnadenbild hatte nun sein »Kraftfeld« gefunden. Alsogleich stellte sich ein Wunder ein. Dies geschah gegen Ende des Jahres 1659:

> »Eine Frau Anna, Bürgerin von Meran in Südtirol, hatte wegen ihrer Hysterie und des ›großen Leibschadens‹ ihres Sohnes vergeblich die ›vornehmen Wahlfahrten‹ Andechs, Mariazell, Ettal und Klosterlechfeld aufgesucht, als ihr in Meran das kleine Vesperbild in Traum erschien und sie aufforderte, es im Baierland zu suchen.«

So berichtet es eine am Wallfahrtsort aufliegende Schrift. Solche Traumbilder kommen nicht von ungefähr, sie sind gar oft »Wegweiser« des Geistes – für den, der die Zeichen erkennt.
Frau Anna folgte dem »Wink von oben« und begab sich auf eine lange Suche quer durch Bayern. Sicherlich folgte sie dabei ihrer Intuition und suchte Orte mit der »gewissen Strahlung« auf.
Nach vielen langen Irrwegen fand sie die Madonna im Birnbaum.
Und siehe da!
Sie lebte von Stund an von ihrem Leiden geheilt. Und ihr Sohn war ebenfalls ab sofort seinen »Leibschaden« los.
Aber weitere Wunder folgten. Kurz darauf erhielt die taubstumme Magdalena Schnader aus Ziemetshausen die Sprache wieder, und zwar genau in dem Moment, da sie an dem wundersamen und wunderkräftigen Birnbaum stand.
»Sowos«, soll sie gesagt haben, und erst später hat sie gemerkt:
»Ich kann ja reden!«
Und da sie reden konnte, sprach sie über das Wunder, und das Wunder hat sich herumgesprochen. Da setzte aus nah und fern eine große Wallfahrt ein zu »unser lieben Fraw im Pürnbaum«.[1]

[1] »Maria Birnbaum« (Schnell-Kunstführer Nr. 401), München und Zürich 1992

Maria Birnbaum. Der Bau in seiner ursprünglichen Gestalt, Stich von Philipp Kilian

Wundersam ist auch die Geschichte des Grund und Bodens, auf dem der Birnbaum stand. Jenes Stück Land nämlich wurde nach der Zerstörung von Schloß Stuntzberg von den Deutschordensherren erworben, die in der Nähe eine Kompturei unterhielten. Der damalige Komptur, Philipp Jakob von Kaltenthal, der seit 1653 das Amt innehatte, setzte durch, daß das besondere Gnadenbild von einer Kirche umbaut wurde. Die nun folgende Geschichte der Kirche, ihr Schicksal im Auf und Ab der Zeiten, ist so wechselvoll und wundersam, wie eben das Leben selber auch wechselvoll ist und wundersam.

Relativ gering ist die »Erdstrahlung« des Ortes, wenn man sie mit anderen in diesem Buch genannten »Orten der Kraft« vergleicht.

Interessant der Altar: Ist er doch nichts anderes als ein Glassarg mit einem Gerippe darin – das oft zu sehende Überbleibsel aus einer Zeit, da die Weihe eines Gebäudes noch mit dem Einmauern eines Menschen oder wenigstens von etwas »Lebendigem« vonstatten gehen mußte.

Der Wunderstättenpilger wird sich kaum wundern, daß an so vielen der magischen Stätten oder auch an harmlos scheinenden Gna-

Wallfahrtskirche Maria Birnbaum bei Sielenbach

denorten immer wieder Gebeine, Gräber, Glasschreine mit umwickelten Knochen und kunstvoll gestickte Verbrämungen auf Gerippen auftauchen. Denn das christliche Ambiente der neueren Zeit kann für denjenigen, der einen Blick für Kraftorte entwickelt, nicht über ältere, naturmagische, oft keltisch geprägte Anrufungs- und Opferpraktiken hinwegtäuschen.
Baignet/Leigh schreiben in einem Grundlagenwerk über Tempel- und Logentraditionen: »Es war im Nahen Osten zu biblischer Zeit

durchaus nicht ungebräuchlich, ein Gebäude mit Hilfe eines heiligen Leichnams ... zu weihen. Häufig waren Grab und Schrein identisch. In späteren Epochen war das Opfer zu Beginn der Zeremonie bereits tot oder wurde durch ein Tier ersetzt, doch in den Anfängen tötete man nicht selten einen Menschen auf rituelle Art, um die Stätte mit seinem Blut zu weihen.«[1]

Solche Gedanken mögen auf den ersten Blick absonderlich erscheinen, der allzu gewohnte Anblick von Gerippen in Kirchenräumen soll aber nicht darüber hinwegtäuschen, daß es sich um Praktiken und Traditionen handelt, die aus vorchristlicher Zeit stammen oder aus dem Bereich, der heute etwas vage als »Okkultismus« umschrieben wird.

Baignet/Leigh stellen fest: »Die Geschichte Abrahams und Isaaks liefert nur einen von zahlreichen Hinweisen darauf, daß die alten Israeliten ebenfalls solche Praktiken pflegten. Überreste der Tradition erhielten sich bis weit in die christliche Zeit, denn Kirchen wurden häufig auf der Begräbnisstätte von Heiligen errichtet ...«[2]

Hinter dem Altar mit dem Knochenmann steht tatsächlich noch der alte Birnbaum, die Nische mit dem Gnadenbild der wundertätigen Madonna ist von vorn her, also mit Blick zum Altar hin, einsehbar.

Viele Votivtafeln im Kirchenrund zeugen von der Wunderkraft.

Es empfiehlt sich ein Spaziergang um den gesamten Bau herum, dann eine kleine Wanderung Richtung Süden, etwas bergauf. Dort oben nimmt eigenartigerweise die »Strahlung« des Bodens deutlich zu, die bekannte »Schwingung«, wie sie sich im Umfeld von »Orten der Kraft und Magie« ergibt, ist jetzt eher spürbar.

Tagtäglich kommen Suchende, Gläubige, Neugierige.

Wer aber Übung hat im »Begehen« und »Erspüren« solcher Wunder- und Kraftorte, der staunt über die eisige Kälte, die hier herrscht. Vieles, was vordergründig christlich scheint und vor Ort »Kraft« entfaltet, kommt vielleicht aus einer ganz anderen, wohl eher magischen Quelle.

[1] Michael Baignet/Richard Leigh: »Der Tempel und die Loge«, Bergisch Gladbach 1993, S. 215

[2] Michael Baignet/Richard Leigh, a.a.O., S. 215f.

Aus dem Haupt der Madonnenstatue quillt Blut
Das Gnadenbild heilt Augenleiden

Der Wallfahrtsort Neukirchen liegt an einer alten früheren Handelsstraße von Bayern nach Prag und bildet zugleich mit Kötzting und Lam, das am großen Osser liegt, ein gleichschenkeliges Dreieck. So also finden wir Neukirchen im »tiefsten« Bayerischen Wald, zwischen dem 1078 Meter hohen Hohenbogen und der tschechischen Grenze, direkt auch an der Straße, die von Furth im Wald hin zum Großen Arber führt.
Die Fahrt dahin lohnt allemal, warten hier doch (und auch auf dem Weg dorthin) gleich mehrere wundersame Geschehnisse auf den Pilger. Schon beim ersten Eintreten in die lichtdurchflutete und kunstvoll ausgestattete Kirche Maria Blut ist das Wunder spürbar: alles »schwingt« ...

Die majestätische Kirche liegt in einem breiten Tal, das sich vom Osten des Hohenbogen hinzieht und dann zur Further Senke eine Ausweitung findet.
Wer im Inneren des strahlenden Gotteshauses das »zentrale« Wunder sucht, das hier passiert sein muß, der ist schnell am Ziel. Auf einem Opferstock steht eine kleine Figurengruppe, die sich mehrmals im Kircheninneren wiederholt und auch auf den Gemälden das Hauptthema bildet. Wir lernen sowohl aus dem Dargestellten als auch aus aufliegenden Beschreibungen:
Einstmals hat ein Hussit in »bilderstürmerischer Tobsucht« mit seinem Säbel auf die Madonnenstatue eingedroschen (diese Hauptmadonna, der die Wunder-Wallfahrt gilt, ist aus dunklem Holz und steht vorn am Altar); der wuchtige Schlag des hussitischen Bösewichtes war so stark, daß der hölzernen Maria Kopf und Krone gespalten wurden.
Da geschah ein Wunder. Frisches Blut quoll aus der Wunde der Madonnenfigur. Der Hussit bereute seine Tat bitterlich.
Was geschieht, wenn einer ehrlich bereut? Er wird erlöst. So wurde aus dem Hussiten alsdann der erste Wallfahrer. Eine rechte Saulus-Paulus-Geschichte. Nun die Wallfahrtslegende, wie sie dem Gnadenbild zugrunde liegt:

»Als die Hussiten gegen Lautschirm vordrangen, ließ der Pfarrer die Statue um das Jahr 1420 durch die Bäuerin Maria Halada nach Bayern in Sicherheit bringen. Die fromme Frau stellte die Madonna in Neukirchen in eine Kapelle. Ein hussitischer Landrichter aus Wottawa, der hier vorbeiritt, wollte dieses Objekt der Anbetung vernichten und warf die Statue in den Brunnen neben der Kapelle (heute neben dem rechten Seitenaltar).

Aber ein Wunder passierte: Die Madonna kehrte immer wieder an ihren angestammten Platz zurück. Da zog er das Schwert, um sie zu zerhauen. Aus der Wunde, die das Haupt der Statue spaltete, floß frisches Blut. Daher erklärt sich übrigens der Name des Heiligtums Neukirchen zum Heiligen Blut.

Durch dieses wundersame Ereignis ist Neukirchen im Mittelalter zu einer der großen Wallfahrtsstätten Deutschlands gediehen, mit jährlich über 60 000 Wallfahrern, hauptsächlich aus Bayern und Böhmen.«[1]

Doch wird uns auch ein anderes Wunder über die Entstehung dieser Kapelle berichtet:

»Im Spätmittelalter, im 15. Jahrhundert dürfte es gewesen sein, daß nach alten Berichten wenige hundert Meter außerhalb Neukirchens, an der Straße nach Eschlkam, eine hölzerne Kapelle erbaut worden ist, die bald außerordentlichen Zulauf hatte. Dort wurde eine heilige Hostie verehrt. Ein Wanderer hatte sie, so berichet die Überlieferung, in einem Baumstumpf gefunden. Er verständigte sofort den Ortsgeistlichen, und in einer feierlichen Prozession trug der Seelsorger den heiligen Fund zurück in die Nikolauskirche. Schon nach wenigen Tagen aber wird das heilige Brot wieder gefunden draußen am Wegesrand, wo es zuerst gesichtet worden war. Nun ist allen klar: Ein Wunder ist geschehen! Und am Ort dieses Wunders ist dann die ›Sakraments‹-Kapelle errichtet worden. Sie wurde später zu der von Wundergeschichten umrankten Marien-Kapelle.«[2]

Dies also ist die Ur-Geschichte der Kapelle. Sie stand friedlich an diesem Ort, bis hinein in das frevelhafte Zeitalter der Glaubensspal-

[1] »Neukirchner Bilderbogen«, Hefte 1 und 2, zus. gest. v. Ulrich Murr, Neukirchen 1977

[1] ebenda

tung, ein Geistessturm, der über das Abendland hinwegzog und hierorts in Form hussitischer Fanatiker daherbrauste:
Der Rektor der Universität Prag, Johann Hus (1370–1415), fühlte sich als Reformator und als Vorkämpfer der Tschechen. Er kam in allerschwerste Konflikte mit der Kirche. Auf dem Konzil von Konstanz (das die Beseitigung der Kirchenspaltung erreichen wollte) wurde er zum Tode verurteilt und im Jahre 1415 auf dem Scheiterhaufen verbrannt.
Seine Anhänger nannten sich »Hussiten«. Sie bekämpften das katholische Priestertum, desgleichen die Bilder- und die Heiligenverehrung. Ihr Fanatismus ließ sie alle ursprünglichen Ziele, die Beseitigung des Krieges nämlich, vergessen. Mordbrennend drangen sie über die Kämme des bayerisch-böhmischen Waldes gegen Westen vor.
Ein ganz besonders fanatischer Hussit ärgerte sich über das Marienbildnis in dem böhmischen Lautschin fast zu Tode. Er riß es eigenhändig vom Altar und warf es außerhalb des geweihten Raumes in den Schmutz.
Dies beobachtete eine fromme Frau. Sie rettete die Statue aus dem Dreck und brachte sie über die Grenze, in die Sakraments-Kapelle von Neukirchen.
Hier kommt im Jahre 1450 der Dorfrichter des tschechischen Dorfes Wottawa vorbei. Er sieht die Madonna durch die offenstehende Kapellentür, und sofort »reitet ihn der Teufel«. Er kann die Reinheit der katholischen Schlüsselfigur nicht ertragen, packt den Bildstock, zerrt ihn aus der Kirche heraus und versenkt ihn in dem benachbarten Brunnen.
Doch dann geschieht ein Wunder, und die Madonna steht genau da, wo sie immer stand.
Da reißt er die Gottesmutter noch mehrmals vom Sockel und schleudert sie in das nasse Grab. Aber sie steht jedesmal wieder da, wo sie hingehört.
Er reißt den Säbel aus der Scheide, und krachend durchschlägt der geschliffene Stahl die metallene Krone, spaltet den Kopf der Jungfrau Maria.
Aus der Wunde quillt echtes Blut ...
Imagination und Magie: die Worte sind nicht umsonst so ähnlich. Wollte doch der Bilderstürmer ein »Bild« zerstören, weil er es nicht »sehen« konnte (weil er sich selbst nicht erkennen wollte). Nicht

Neukirchen: Frevel ... *... und Bekehrung!*

zuletzt deshalb wird dem Brunnen Wunderkraft der Heilung zugesprochen, und zwar bei Augenleiden, also Seh-Schwäche.
So erwuchsen aus der ursprünglich bösen Tat das Wunder und die Wallfahrt. In den dort aufliegenden »Wunderbüchlein« finden sich unzählige Wundergeschehnisse. Krankenheilungen, Hilfe für Mütter und Kinder. Die Reihe der Einträge im Wunderbuch eröffnet »Anna Taxlin«. Über diese wird berichtet, sie »wahre mit dem Hinfahlet (Fall-Sucht?) sehr offt und stark gepläget«.
Und der Wunderbericht fährt fort:

> »Folgende Nacht kam ihr abermal vor, als ob sie die allerseligste Jungfrau selbsten, wie sie von einem Hussiten in das Haupt verwundet wurde, sahe und ermahnt wurde, ihr heilig Bildnus und Ort zu besuchen ... an den Gränizen des Königreich Böheimb liegend ... hat sie sich als bald mit einer Kirchfahrt dorthin verlobet. O Wunder, kaum geschah dieses Gelübde, von selber Stund an

> hat die schwere Krankheit des Hinfahlens sie verlassen ... Welches geschehen anno 1675.«[1]

Der Herr hat geholfen, Maria hat geholfen, und alle miteinander, Gott, Gottessohn, Gottesmutter und Gottes Heiliger Geist, werden weiter helfen. Man muß es nur glauben und dankbar annehmen. Einer steinernen Tafel an der Außenmauer nach hat die wundertätige Maria zudem den Ort 1945 vor dem Kommunismus bewahrt:

> »Liebe Gottesmutter vom Hl. Blut, du hast den Hohenbogenwinkel, wo dein Gnadenbild verehrt wird, vor dem Kommunismus bewahrt ... daß dieses Gebiet immer schon bayerisch war und bleiben mußte. Außerdem hast du durch dichte Wolken eine Flugzeugbombardierung zum Schlußakt verhindert. Die es gesehen haben, sind Zeugen ...«

Einer der seltenen Fälle, in denen sich Maria in die hohe Politik eingemischt hat.

[1] »Neukirchner Bilderbogen«, Heft 4, zusammengest. v. Ulrich Murr, Neukirchen 1980

Eine kleine Anleitung zum Verständnis von Wundern

Die hermetischen Gesetze

Demut, Glaube, Hingabe und das »Bereit-Sein im rechten Augenblick« sind Geisteshaltungen, welche das Wunder-Geschehen begünstigen.
An dieser Stelle möchte ich Ihnen noch einige »Verhaltensregeln« mit auf den Weg geben, wie sie immer schon, quer durch die Jahrhunderte und Jahrtausende, zum »Einweihungswissen« gehört haben.
Wunder sind nämlich göttlich und damit alles andere als unnatürlich. Was sollte natürlicher sein als der Schöpfer und Initiator der Natur und allen Lebens!
Der hervorragende Übungsband »Ein Kurs in Wundern«[1] beschreibt – wenn man den sehr komplexen Inhalt in aller Kürze wiedergeben will –, daß das »Wunder« im wesentlichen ein »Loswerden von Schuld« sei.
Dazu gehört vor allem die *Vergebung.*
Erinnert sei hier an den fundamentalen Satz im Vaterunser: »Und vergib uns unsere Schuld, *wie auch wir* vergeben unseren Schuldigern ...«
Denn wer Groll in sich trägt, wer »nachträgt« (also nachtragend ist), wer nicht vergibt, dem wird auch nicht vergeben.
Ver-Gebung ist das eigentliche Wunder. Das Wunder geschieht, so wie alles Spirituelle, erst im *Geist,* um hinterher das sichtbare »Wunder« zu zeitigen. Wie bei der Erschaffung der Welt geht aber jeder dinglichen Manifestation zunächst der geistige Akt (das Wort) voraus.
Wohl selten geschah eine Wunderheilung dem, der nicht vorher vergeben hatte. Oder aber das Wunder, zumeist die Wunder-Erscheinung, hatte den unmittelbaren Sinneswandel und damit die Vergebung zur Folge.
Im Begleitbuch zu »Ein Kurs in Wundern«, das den Titel trägt

[1] Kenneth Wapnick: »Ein Kurs in Wundern«, Gutach i. Br. 1994

»Betrachtungen zu ein Kurs in Wundern«, können wir dazu lesen: »... der Kurs benutzt das Wort ›Wunder‹ einfach im Sinne von Berichtigung, das heißt im Sinne des Aufhebens einer falschen Wahrnehmung. Das Wunder bezeichnet eine Veränderung der Wahrnehmung, es bezeichnet die Vergebung, es ist das Mittel der Heilung. All diese Wörter bedeuten im Grunde dasselbe. Es geht nicht um etwas Äußerliches. Ein sogenanntes Wunder in äußerlicher Hinsicht, wie zum Beispiel über das Wasser zu gehen oder eine äußerliche Heilung zu bewirken, spiegelt lediglich ein inneres Wunder wider. Das Wunder meint eine innere Veränderung.«[1]
Zum besseren Verständnis des (im wahrsten Sinn des Wortes) welt»bewegenden« Geschehens, das uns so oft als Wunder (Zufall oder Fügung) erscheint, gehören die »hermetischen Gesetze«. Über deren Herkunft gibt es nur Vermutungen:
»... in ihr (gemeint ist die Gestalt des Hermes Trismegistos, das bedeutet Hermes, der dreimal Größte) vereinen sich Züge des ägyptischen Gottes Thoth, des Gottes der Magie, des Philosophen Hermes Trismegistos, des dreimal großen Hermes, der in der ägyptischen Stadt Hermopolis gelebt haben soll, und des griechischen Gottes Hermes, eines im Geiste Thoth verwandten, doch leichtfertigeren Olympiers, den die Römer als Merkur verehrten.«[2]
Die hermetischen Gesetze lauten:

1 Wie oben, so unten

Der Makrokosmos entspricht dem Mikrokosmos; der Mensch birgt das All in sich – und das All den Menschen.
Das bedeutet für unser tägliches Leben:
Von den Vorgängen im All (Gesetze wie Rhythmik, Schwingungen, Hell-Dunkel etc.) läßt sich auf Vorgänge im Körper, im Geist und in der Seele schließen. Und umgekehrt.
Der Satz »Erkenne dich selbst« steckt ebenfalls in dem hermetischen Gesetz »Wie oben, so unten«.
Denn nur derjenige, der sich erkennt, erkennt auch die kosmische Analogie, oft auch das »Wunder«.
Ohne Vergebung jedoch ist das Wunder kaum möglich.

[1] Kenneth Wapnick, a.a.O., S. 99
[2] Rolph Gail: »Magische Kabbala. Der westliche Weg«, München 1995, S. 107

Der Magier deutet das Gesetz so: Von eigenen, das heißt in sich selbst gesteuerten Vorgängen her läßt sich auf den anderen schließen und läßt dieser sich durchschauen und manipulieren. Der Christ deutet das Gesetz: *Ich muß vergeben.* Damit verändere ich mich selbst, und damit verbessere ich auch – analog dazu – meine Welt. Ein Nörgler zum Beispiel, der zum sympathischen Zeitgenossen mutiert, lebt tatsächlich bald in einer besseren Welt. Denn das Verändern einer Stimmung ist bereits magisches Tun ... oder aber ein Akt der Nächstenliebe. Je nach Intention.

Wer dieses Gesetz der Analogie durchschaut, glaubt nie mehr an *»Zufälle«.*

Denn der Kosmos ist eine Ordnung, und er verhält sich nach Gesetzmäßigkeiten. Bei den präzise ablaufenden Naturgesetzen gibt es keine Zufälle. Ein einziger »Zufall« würde den ganzen Kosmos zusammenbrechen lassen.

Das Wunder also, auch wenn wir es nicht verstehen, muß so sein, wie es geschieht. *Zufälle gibt es nicht.*

Dieses Gesetz des »Wie oben, so unten« wird oft auch das »Gesetz der Entsprechung« genannt. Kurt Tepperwein schreibt in dem Band »Die geistigen Gesetze«:

»Habe ich Bewußtsein, dann hat auch jede Zelle Bewußtsein, jedes Sonnensystem, das ganze Universum. Alles, was ist, hat seine Entsprechung auf allen Ebenen des Seins. Indem ich mich mit einer Ebene befasse und sie erkenne, erkenne ich alle anderen Ebenen, da sie ihr entsprechen. Der Mensch als Mikrokosmos ist ein genaues Abbild des Makrokosmos. Denn wir sind nach dem Ebenbild Gottes geschaffen.«[1]

2 Der Weltgeist ist in allem, denn Geist ist alles

Das Gesetz sagt: Nichts, aber auch gar nichts gibt es im All, was nicht vollends von Gott durchdrungen wäre. Auch der Mensch ist von göttlichem Geist durchdrungen; er existierte bereits als Gedanke Gottes, bevor er erschaffen war.

[1] Kurt Tepperwein, a.a.O., S. 67. Das Buch bietet eine hervorragende Interpretation nicht nur der »hermetischen Gesetze«, sondern v.a. auch buddhistischer (Lebens-)Regeln.

Aber Vorsicht: Der Mensch ist niemals wie Gott. Das wäre ein fürchterlicher Denkfehler, den die Schlange im Paradies entzündete: »Ihr werdet sein wie Gott.«
Der Mensch ist nicht »wie Gott«, aber er ist ein würdiges Geschöpf Gottes (vorausgesetzt, er achtet seine und der anderen Menschen Würde und erkennt Gott an!).
Da alles von Gott durchdrungen ist, besteht auch zwischen »allem im All« (und damit allem auf der Welt) ein Zusammenhang. Wieder wird klar: *Zufälle gibt es nicht.*
Vieles, was ver-»wunderlich« erscheint, wird dem, der das Gesetz durchschaut, bald klarer, geläufiger:
»Und plötzlich, im Aufleuchten einer regenbogenfarbigen Erkenntnis, fühlt sie oder er, was das Landen eines grüngoldenen Rosenkäfers auf der Blüte mit dem gleichzeitigen Schlagen einer fernen Turmuhr zu tun haben könnte ...«[1]
Und da alles Geist ist, ist »Geist« auch das schnellste Transportmittel. Er ist schneller als das Licht.

3 Das Gesetz der Polarität
Es besagt, daß alles, was »ist«, zwei Seiten hat, zwei (scheinbar) gegensätzliche Aspekte, die aber in Wirklichkeit »eins« sind: Glück–Unglück; Liebe–Haß; Gut–Böse; Hell–Dunkel; Links–Rechts ... Alles ist eins, jedes für sich tritt aber jeweils »getrennt« auf. Laut und leise sind beispielsweise die beiden Pole von »Geräusch«; männlich und weiblich die Pole des einen menschlichen Wesens.
Wer das erkennt, sieht, wie verwandt alles getrennt Scheinende miteinander ist.
Für das Verständnis von Wundern ist die Polarität von grundlegender Bedeutung. Denn oft ist das »Wunder« nichts anderes als der rasante, manchmal »gleich«-zeitige Wechsel von einem Pol zum anderen.
So kann ein Gott-loser Mensch urplötzlich zum Heiligen werden (vgl. Ignatius von Loyola), ein heilloser Trinker zum ausgeglichenen Zeitgenossen, der kein Verlangen nach auch nur einem Tropfen kennt, – und der unheilbar Kranke wird durch das Wunder ein gesunder Mensch.

[1] Rolph Gail, a.a.O., S. 112

Der Wechsel der Pole ist für den Betrachter ein Wunder. Dem geht zumeist ein »Tiefpunkt« voraus, das heißt auch ein bedingungsloses »Los-lassen«.
Was wir loslassen, macht uns ge-lassen. Und Wunder machen stets gelassen.
In der Literatur wird darauf hingewiesen, daß nur Dinge der gleichen »Klasse« geändert werden können: also nicht Liebe in Ost oder West oder Violett – doch schnell in Haß.
Polarität beherrscht auch die großen Zyklen in der Natur: »Tag und Nacht, Sommer und Winter, Regen und Sonne. Polarität teilt nicht nur die Lebewesen in die Geschlechter männlich und weiblich ein, sondern herrscht auch in den geistigen Phänomenen, im geistigen Geschlecht.«[1]
Dieser Denkansatz fordert im Geistesleben eine lebendige Auseinandersetzung mit den gegensätzlichen Polen und wirkt damit jeglichem Fanatismus entgegen.
»Traditioneller Pantheismus (der Glaube, daß Gott und das Universum ein und dasselbe ist), wie man ihn im Hinduismus und Buddhismus findet, ist fatalistisch in bezug auf die Zukunft.«[2] Für unser Verständnis von »Wundern« soll auch keineswegs der *personale* Gott der Christenheit in Abrede gestellt und durch ein Einheitsdenken (alles ist eins) ersetzt werden. Nur: Alles, was ist (also auch von Gott geschaffen ist), unterliegt der Polarität. Die meisten Heiligen wußten (und er-lebten!) das.
Glück–Unglück; Krankheit–Gesundheit: sie sind nur Pole einer Wirklichkeit, die wir als »Schicksal« beziehungsweise als »Befinden« erleben und die, weil sie in lebendiger Beziehung zueinander stehen, wie ein Pendel schwingen.

4 Das Gesetz der Schwingung

Würde sich alles in uns und in der Welt in absoluter Ruhe befinden, wäre das Gesetz uninteressant. Aber alles bewegt sich, alles ist »im Fluß«.
Und alles schwingt. Energie, Materie, ebenso Geist sind die Pro-

[1] Rolph Gail, a.a.O., S. 114
[2] Dan Vander Lugt/Kurt De Haan: »New Age: Faszination oder ...?«, Radio Bible Class (Hrsg.), Michigan 1981, S. 16f.

dukte ihrer eigenen Schwingungen. Was ist ein Ton? Schwingung. Und was ist ein Gedanke? Natürlich ebenfalls Schwingung. Kein Wunder also, daß ein Mensch mit dem, was er denkt, seine gesamte Umgebung »mitschwingen« lassen kann.

»Indem ich mein Bewußtsein ändere, verändere ich meine Welt. Durch bewußte und gezielte Erhöhung der Schwingung Ihres Bewußtseins werden Sie ebenso Herr Ihrer Schwingungen wie Ihrer Gesundheit, Ihrer Lebensumstände und damit Ihres Schicksals.«[1]

Durch Schwingung wird die der Schwingung innewohnende Energie auf jeden gleich schwingenden Körper übertragen. Wir haben die Wahl: Welchen Schwingungen öffnen wir uns? Welchen Schwingungen verschließen wir uns?

Angewandt auf die Möglichkeit, ein Wunder zu erleben, heißt dies: Wie denken wir?

Gläubig, erwartend – oder zweifelnd und ablehnend?

Übrigens lebt jeder nur in der begrenzten – oder unbegrenzten – Welt, die er mit seinen Gedanken- und Überzeugungs-Schwingungen zuläßt.

Die schönste, erprobteste und gesündeste, dazu die Gott-gefälligste Art, Schwingungen zu erzeugen, ist natürlich das Gebet. Beten wirkt Wunder.

Schwingungen sind es denn auch, die bestimmen, was wir letztlich Schicksal nennen. Denn ich ziehe stets das an, worauf ich mich in Gedanken einschwinge.

Das macht die geistige Atmosphäre eines Menschen aus: Gedanken, Wünsche, Sehnsüchte, Gefühle, Neigungen. Und diese Atmosphäre wird ihm bald zur Wirklichkeit, zur »Um-Welt«. Und damit ist die reale Welt, in der er leben wird, vorherbestimmt.

Nochmals: Wenn ich ein Wunder erwarte, wenn ich für wunderbare Verbesserungen meines Jetzt-Zustands bereit bin, dann »schwinge« ich mich auf ein Wunder ein. Dann bin ich für die Schwingungen, die ein Wunder mit sich bringt, bereit.

Das Gegenteil von »Wunder-Schwingungen« wäre der Zweifel.

[1] Kurt Tepperwein, a.a.O., S. 64

Achte auf deine Gedanken,
denn sie werden Worte,
Achte auf deine Worte,
denn sie werden Handlungen.
Achte auf deine Handlungen,
denn sie werden Gewohnheiten.
Achte auf deine Gewohnheiten,
denn sie werden dein Charakter.
Achte auf deinen Charakter.
Denn er wird dein Schicksal.
(Talmud)

Wer in der Beherrschung des rechten Gebrauchs von Schwingungen und in entsprechenden Techniken fortgeschritten ist, der »schwingt sich höher«.
Das heißt, er läßt das Pendel unter sich hin- und herschwingen, beobachtet dieses Auf und Ab (das Leben) und benutzt nur die Ausschläge nach oben, um sich höher tragen zu lassen. Dabei verhält er sich ähnlich einem Wellenreiter, der sich vom »Wellenhoch« wie im Flug forttragen läßt und der nur dann stürzt (und untergeht), wenn er die Balance zwischen den Kräften verliert.
So gibt es auch ein »geistiges Wellenreiten«. In Stimmungen, in Gedanken und in Gefühlen. Nicht umsonst sagt eine Person, die sich bei diesem »mentalen Surfen«, bewußt oder unbewußt, nach oben hat tragen lassen:
»Derzeit fühle ich mich in einem Hoch.«
Oder: »Ich bin in *gehobener* Stimmung.«

5 Alles ist Rhythmus

Das Gesetz des Rhythmus ergibt sich aus den beiden vorigen Gesetzen. In der Polarität liegt begründet, daß alles wie ein Pendel *schwingt;* und dieses schwingt im Rhythmus.
»Das Prinzip tut sich kund in der Schöpfung und Zerstörung von Welten, in Aufstieg und Niedergang von Nationen, in der Lebensgeschichte aller Dinge und schließlich in den geistigen Zuständen des Menschen.«[1]

[1] Rolph Gail, a.a.O., S. 118

Wer das Gesetz des Rhythmus verinnerlicht, für den relativiert sich allerdings so manche Weltreligion und Welt-en-Sicht: alles, auch das, was gedacht wird und geglaubt, unterliegt einem beständigen Kommen und Gehen, dem ewigen Auf und Ab.
Alle großen Bewegungen kommen und gehen rhythmisch: Glaubensbekenntnisse, Weltanschauungen, Moden, Philosophien, esoterische »Wellen«, Regierungen, Nationen, Staaten ...
Vor allem aber unterliegt eines dem Welten-Rhythmus: Zeugung, Geburt, Wachstum, Reife, Vollendung, Niedergang und Tod. Schließlich die Wiedergeburt!
Ob Mensch, Stern, Sternennebel oder Galaxie: das Pendel schwingt, und wir schwingen mit.
Der Mensch hat »seinen« Rhythmus, jährlich, monatlich, tagtäglich, stündlich, minütlich.
Das Herz schlägt rhythmisch, Sekunde um Sekunde.
Der Atem ... Wachen, Schlafen, Wiedererwachen ...
Schon das Wiedererwachen ist eine kleine Wiedergeburt.
Und viele Wunder sind gar nichts anderes als die Manifestation einer Welten-Rhythmik, die aber als solche von uns Menschen nicht durch-schaut wird.
Auch die Welt-Ordnung und damit die Gesetze der Schwingung, des Kommens und des Gehens, sind wahre Wunder. Sie funktionieren unabdingbar.
Denn sie sind göttlich. Die Genesis berichtet, daß Gott selbst »seinen Rhythmus« von kreativer Aktivität und schöpferischer Ruhe einhielt, als er die Welt und die Weltenordnung erschuf.

6 Das Gesetz von Ursache und Wirkung

Alles, was wirkt, hat eine Ursache. Die gläubigen Christen brauchen keinesfalls zu erschrecken. Die letztendliche Ursache ist immer Gott – mit Ausnahme der Ursachen, welche sich der Mensch gegen den Willen Gottes selber auflädt.
Denn auch wir helfen beim »Verursachen« der Ursache recht kräftig mit.
Alles, was passiert (auch das Wunder!), hat letztendlich einen Grund, eine Kausa. Deshalb nennt man das Gesetz von Ursache und Wirkung auch das Kausalitätsgesetz.

Ein berühmter Satz, der dies veranschaulicht: Was man sät, das erntet man.
Unaufhörlich sind wir am ver-ursachen, zumeist, ohne es zu merken. Denn indem wir *denken,* setzen wir Ursachen für alles, was uns später begegnen wird. Nur sind wir uns des Zusammenhanges zwischen »Ursache und Wirkung« hinterher nicht mehr bewußt.
Was immer ich denke, ist irgendwie und irgendwann Wirk-lichkeit. Das heißt, mein Denken hat ge-wirkt!
Und die anspruchsvollste, die wunderkräftigste Art zu denken, das ist der *Glaube.*
Jesus, der wie wohl kein anderer um diese Dinge wußte (weil er wie kein anderer den Glauben kannte und hatte), sagte nicht umsonst: »Dir geschehe nach deinem Glauben.«
Oder nach einem der bekannten Heilungswunder: »Dein Glaube hat dir geholfen.«
Kurt Tepperwein schreibt: »Das ist ein geistiges Gesetz. Sorgen wir also dafür, daß wir stets das Richtige glauben! Denn nicht, was wir wollen, geschieht, sondern das, was wir glauben. Die Geisteskraft des Glaubens schließt uns an eine Kraft des Universums an, der nichts unmöglich ist.«[1]
Soll keiner den »Glauben« leichtfertig abtun. Auch derjenige, der »nicht glaubt«, glaubt in Wirklichkeit; aber eben das Gegenteil des Erwünschten.
Wer zweifelt, der glaubt! Aber genau das Gegenteil von dem, was für ihn gut wäre. »Zweifel ist Glaube, der gegen Sie arbeitet!«[2]
Alles, was ich glaube, »wird« irgendwann. Alles, was ich bezweifle, kann nicht werden, denn es bleibt wortwörtlich »zwei« (be-zweifeln). Das Geglaubte aber wird zum Einen, denn alles ist eins – damit die übrigen Gesetze gelten können.
Die letzte Ursache ist Gott.

[1] Kurt Tepperwein, a.a.O., S. 105
[2] ebenda, S. 106

Zusammenfassung der sechs Gesetze:

1. Wie oben, so unten.
2. Der Weltgeist ist in allem.
3. Alles hat zwei Pole.
4. Alles schwingt.
5. Alles ist Rhythmus.
6. Jede Wirkung hat eine Ursache; jede Ursache hat eine Wirkung.

Das Wunder steht jenseits der Kausalität

Das Gesetz von »Ursache und Wirkung« wirkt – unabdingbar. Der Wunder-Effekt entsteht für unser Empfinden oftmals dadurch, daß wir, einer ungenügenden Selbsterkenntnis folgend, zwar die Wirkung (das Wunder) »sehen«, zur Ursache aber nicht vorzudringen vermögen. Oder aber wir sehen die Ursache, ordnen jedoch die Wirkung nicht dieser Ursache zu.

Menschliches Leben geschieht trotz aller Aufklärung fast immer, ohne auf die Abfolge von Ursache und Wirkung zu achten. Wer raucht und trinkt, ist noch lange nicht bereit, Nikotin oder Alkohol als Ursache möglicher negativer Auswirkungen anzuerkennen.

Auch das Wunder der Spontanheilung wird oftmals nicht der »wahren Ursache« wie Glaube, Gott, Bereitschaft zugeschrieben.

Für unser vorliegendes »Verständnis von Wundern« ist allerdings das Ursache-Wirkung-Prinzip nicht mechanistisch zu sehen, sondern vielmehr All-umfassend.

Ein Autounfall geschieht nicht, weil da ausgerechnet ein Baum stand oder die Bremsen versagten.

»Die Realität funktioniert eben nicht immer linear-kausal, sondern in vielfach rückgekoppelten Wirkungskreisen ...«[1]

Zschock wendet sich in einem Kapitel, das er mit »Jenseits der Kausalität« überschreibt, deutlich gegen ein allzu starres Verständis des Kausalitätsprinzips.[2]

[1] Louis von Zschock, a.a.O., S. 28
[2] Louis von Zschock, a.a.O., S. 29 f.

C.G. Jungs Begriff der »Synchronizität« verdeutlicht am ehesten, was wir unter einem (wohlverstandenen) kausalen Denken verstehen sollen: nämlich scheinbar verschieden voneinander ablaufende Zusammenhänge, die aber durch den »gemeinsamen Sinn« miteinander verbunden sind, zu erkennen.
Wer sich mental darauf einläßt, für den wird das Leben zum faszinierenden Spiel, Zufälle sind nun Zeichen und Wegweiser geworden.
Letztendlich stellen sich auch im Lauf der Jahre Gesundheit und Lebenserfolg ein, eine feinfühlige Spiritualität und eine größere Nähe zu Gott.
Das Beispiel für falsch verstandene Kausalität wäre die Deutung eines Wunders mit naturwissenschaftlichen Methoden. Aber Jesus geht nicht übers Wasser, weil er Balken darin findet, weil er sich schwerelos machen kann oder weil alles nur ein Gleichnis ist:
Er schreitet über den See, weil er die *eigentliche* Ursache und *wahre* Wirkung der Dinge kennt und durchschaut, weil er diese vorlebt und weil er letztlich selber die Ursache *ist!*
In dem hervorragenden Buch »Das holographische Universum« wird über »holographische« Wirkungsprinzipien gesagt: »Wenn unser Universum nur ein blasser Schatten einer tieferen Ordnung ist, was verbirgt oder verhüllt sich dann sonst noch in den Kett- und Schußfäden der Realität? ... Nach unserem heutigen Physikverständnis ist jeder Bereich des Raumes ausgefüllt mit unterschiedlichen Feldern ... Die Materie existiert nicht unabhängig von diesem (Energie-)Meer, dem sogenannten leeren Weltraum. Sie ist Bestandteil des Raums.«[1]
Das soll nur eine der vielen – und guten – Denk-Möglichkeiten aufzeigen, die um die Entdeckung des Wunders gesponnen werden können.
Sicher ist, daß es Wunder gibt und daß das Außergewöhnliche für den, der sehen gelernt hat, bald zum All-Tag gehört.
Das Wunder ist vielschichtig, unerklärlich multi-»dimensional«. Denn das Wunder ist und bleibt in seinem Urgrund *ewig*. Ewig im Jetzt.

[1] Michael Talbot: »Das holographische Universum. Die Welt in neuer Dimension«, München 1992, S. 62f.

Schlußmeditation

Der arme Dichter und der reiche Dummkopf

Folgende Geschichte zeigt, daß das »Wunder«, falls man es personifiziert, nicht immer nur todernst sein muß oder immer nur gemessenen Schrittes daherkommt; sondern daß das »Außergewöhnliche« ebenso (oder gerade deshalb?) *Humor* hat.
Dieser Humor, wie er der Schöpfung einbeschrieben ist, beinhaltet sowieso jeden Ernst der Situation.
Augenblicke des Wunders zeigen oft alle Erscheinungsformen einer Tragödie mit plötzlicher Erlösung und Läuterung. Deshalb sind Wunder-Situationen nicht ohne Situations-Tragik und -Komik.
Nicht vergessen: Das »Wunder« lebt vom Augenblick, vom Jetzt. Im Jetzt aber ist alles möglich.
Nun die Geschichte:

> An einer Kreuzung trafen sich einmal ein armer Dichter und ein reicher Dummkopf, und sie unterhielten sich. Und es stellte sich heraus, daß beide unzufrieden waren.
> Der Engel der Straße kam vorbei. Er legte seine Hände auf die Schultern der beiden Männer, und es geschah ein Wunder. Die beiden Männer tauschten ihre Besitztümer aus.
> Sie gingen auseinander. Und seltsam: Der Dichter fand in seiner Hand nur trockenen Sand; und der Dumme schloß die Augen und fühlte nichts als eine Wolke durch sein Herz ziehen.
>
> (Khalil Gibran)

Eine Geschichte, die alles über Wunder und über ihr Zustandekommen verrät

In jenen Tagen ließen sie dem Wundertäter keine Ruhe, denn die Regenfälle nahmen kein Ende. Der Himmel hatte seine Schleusen geöffnet, und es stand zu befürchten, das Land würde bald hinweggewaschen.

»Zaubere den Regen fort!« flehten sie.
»Das kann ich nicht«, entgegnete der Wundertäter.
»Du kannst es – du mußt es können!«
»Ich kann es nicht.«
»Du mußt.«

»Ich will ihnen die Komödie vorspielen«, dachte der Wundertäter und lächelte still in sich hinein. Wußte er doch nur zu genau, er würde auf die Witterung keinen Einfluß nehmen können.
Wie auch?
Er stellte sich aber vor sein hingebungsvolles Volk, breitete mit großer Geste die Arme aus, trieb dann einigen Hokuspokus – und es hörte wirklich auf zu regnen.
»Ein Wunder!« schrien sie, waren voll des Staunens und rieben dankbar an den trocken gewordenen Kleidungsstücken.
Alle?
Einer nicht.
Der Wundertäter stand weiter im Regen und war naß bis auf die Haut: weil er an das, was durch ihn Wirklichkeit geworden war, selber niemals geglaubt hatte.

Gedanken zum Schluß

»Es ist ein schwerer Schaden, wenn man nicht glaubt, daß Gott mächtig genug ist, Dinge zu vollbringen, die unser Verstand nicht begreifen kann.
Man soll immer überzeugt sein, daß Gott noch größere Zeichen der Liebe vollbringen kann und es liebt, daß man seinen Werken keine Schranken setzt.
Gott liebt alle, da ist keiner ausgenommen, so elend er auch sein mag ...
Achte die erste Gnade nicht gering. Der Herr ist geduldig genug, um viele Tage und Jahre zu warten, besonders wenn er Beharrlichkeit und guten Willen sieht. Theresa von Avila«[1]

[1] zit. nach: P. Bonifatius Günther OCD, a.a.O.

Literaturverzeichnis

Abendzeitung München v. 1.4.1996
Abendzeitung München v. 19.12.1994
Abendzeitung München v. 24.5.1996
Abendzeitung München v. 2.6.1992
Altötting. Heilige Kapelle (Schnell-Kunstführer Nr. 19), Regensburg 1994
Aufkirchen (Schnell-Kunstführer Nr. 1711), München 1988
Bad Birnbach/Das ländliche Bad (hrsg. v. d. Kurverwaltung), Passau 1995
Baignet, Michael/ Leigh, Richard: Der Tempel und die Loge, Bergisch Gladbach 1993
Baignet, Michael/Leigh, Richard: Geheimes Deutschland, München 1994
Balling, Adalbert Ludwig: Von der Heilkraft des Gebetes, Würzburg 1995
Bender, Hans: Verborgene Wirklichkeit, Freiburg 1973
Der Oberbayerische Fest-Täg- und Alte-Bräuch-Kalender 1996, Stockdorf 1995
Dethlefsen, Thorwald/Dahlke, Rüdiger: Krankheit als Weg, München 1990
Dimde, Manfred: Nostradamus zur Jahrtausendwende, München 1993
Doucet, Friedrich W.: Im Banne des Mythos, Esslingen 1979
Dreifaltigkeitskirche München (Schnell-Kunstführer Nr. 27), München 1990
Duschl, Josef/Kapfinger, Heinz: Bad Birnbach und Umgebung, Passau 1994
Edigna-Verein (Hrsg.): Edigna zu Puch, Puch 1989
Eichhof, Hugo: Der König am Kreuze, Gröbenzell 1965
Endres Hans: Das spirituelle Menschenbild, München 1988
Erzbischöfliches Ordinariat (Hrsg.): Schrift zur Fastenzeit 1996, o.O.
Ewig (Monatsmagazin), Udligenswil (Schweiz) 1991 ff.
Fenzl, Fritz: Münchens heimliche Wallfahrtsstätte, in: Süddeutsche Zeitung v. 31.3.1994
Gail, Rolph: Magische Kabbala. Der westliche Weg, München 1995
Graber, Rudolf: Anna Maria Lindmeyer ..., Ensdorf (o.J.)
Grochtmann, Harald: Unerklärliche Ereignisse, überprüfte Wunder und juristische Tatsachenfeststellung (Diss.), Langen/Hessen 1989
Grün, Anselm OSB: Der Umgang mit dem Bösen, Münsterschwarzach 1979
Grün, Anselm/Reepen, Michael OSB: Gebetsgebärden, Münsterschwarzach 1988
Günther, Bonifatius P. OCD: Wahre und falsche Mystik, Jestetten 1976
Hanauer, Josef: Wunder oder Wundersucht?, Aachen 1991
Hartmann, Jane E.: Die Heilkraft der richtigen Schwingung, München 1991
Hermann-Lisi, Christiane: Mondmacht, München 1996
Hogl, Kurt: Andechs, Augsburg 1969
Huber, Hans Dieter: Bruder Konrad von Parzham, hrsg. v. Bonifatiuswerk, Paderborn 1994
Kreppold, Guido: Die Bibel als Heilungsbuch, Münsterschwarzach 1985

Lampl, Sixtus: Birkenstein, Miesbach 1994
Läpple, [redacted] (Hrsg.): P. Rupert Mayer. Ein Erinnerungsbuch zur Seligsprechung, München 1987
Lechner, Odilo OSB.: Der Himmel über Bayern, Freising 1992
Leicht, Hans D: Heilige in Bayern, München 1993
Lexikon für Theologie und Kirche, Freiburg 1938
Liber Miraculum Forstenriedt (o.O.)
Loyola, Ignatius von: Geistliche Übungen (Spirituelle Exerzitien), übertragen und erklärt v. Adolf Haas, Freiburg i. Br. 1967
Luczyn, David: Magisch reisen – Deutschland. Ein Führer zu Orten des Lichts und der Kraft, München 1991
Maria Birnbaum (Schnell-Kunstführer Nr. 401), München 1992
Matthews, John: Der Gral, Braunschweig 1992
Meingast, Fritz: Unsere bayerischen Nothelfer, München 1982
Murr, Ulrich (Hrsg.): Neukirchner Bilderbogen, Heft 4, Neukirchen 1980
Pennick, Nigel: Handbuch der angewandten Geomantie, Saarbrücken 1985
Pro Fide Catholica (Verlag Anton Schmid): Flugblatt zur Kreuz-Diskussion, Durach 1995
Rijckenborgh, Jan van: Elementare Philosophie des modernen Rosenkreuzes, Haarlem (Niederl.) 1992
Rößler, Max: Therese von Konnersreuth, Würzburg (o.J.)
Sanetra, Kurt: Von Riesen, Hexen und Geistern, hrsg. v. Luftkurort Lam (o. O.)
Sattler, Magnus OSB: Das Büchlein vom Heiligen Berge Andechs, Andechs 1910
Scaramelli, Johannes B.: Regeln zur Unterscheidung der Geister, hrsg. v. Wilhelm Schamoni, Abensberg o.O.
Schamoni, Wilhelm: Wunder sind Tatsachen, Würzburg und Linz 1976
Schinzel-Penth, Gisela: Sagen und Legenden um Miesbach und Holzkirchen, Frieding 1995
Schinzel-Penth, Gisela: Sagen um das Berchtesgadener Land, Frieding 1993
Schwaiger, Georg: Teufelsglaube und Hexenprozesse, München 1987
Sills-Fuchs, Martha: Wiederkehr der Kelten, München 1986
Spiegl, Anni: Leben und Sterben der Therese Neumann von Konnersreuth, Jestetten 1993
Süddeutsche Zeitung v. 9.6.1996, S. 41
Süddeutsche Zeitung v. 24.11.1993 (Landkreis München)
Talbot, Michael: Das holographische Universum, München 1992
Taniguchi, Masaharu: Die geistige Heilkraft in uns, Freiburg i. Br. 1990
Tepperwein, Kurt: Die geistigen Gesetze, München 1992
Totenbretter, Wegkreuze, Marterl ... im Lamer Winkel, hrsg. v. Verkehrsamt, o.O.
Van Helsing, Jan: Geheimgesellschaften und ihre Macht im 20. Jahrhundert, Meppen 1993
Vander Lugt, Dan/De Haan, Kurt: New Age: Faszination oder ...?, Michigan 1981

Wapnick, Kenneth: Ein Kurs in Wundern, Gutach i. Br. 1994
Wehr, Gerhard: Selbsterfahrung durch C.G. Jung, Augsburg 1993
Weigl, A. M.: Vergeßt Eure heiligen Engel nicht, Altötting 1994
Weigl, A. M./Besler, Karl: Columba Weigl, Altötting 1983
Weigl, A. M.: Schutzengelgeschichten heute, Altötting 1981
Weihenlinden (Schnell-Kunstführer Nr. 782), München 1989
Weilmünster, Rudi Ph.: Praxis der Pyramidenenergie. Stuttgart 1990
Westerndorf, Susanne: Das Starnberger SeeBuch (sic!), München 1995
Zschock, Louis von: Zu neuen Seinsdimensionen, Genf 1986